clown

• Mini-beren
• Mini-bears
• Mini-Bären
• Ours miniatures

Richard van Aalst

Niesje Wolters bv

Nederlands *Deutsch* *English* *Français*

Colofon

Tekst
Richard van Aalst
Im Unterhof 2
D-51570 Windeck-Halsheid
Duitsland
Tel. 0049-2292-922389
richlandbears@aol.com

Foto's
Studio Wolters
Epe

Fotograaf
Martin Hoogeboom

Vormgeving
Nico Heins

Copyright ©
Richard van Aalst

NUR-code: 460

ISBN 90 5690 241 5

Uitgegeven door
Niesje Wolters bv
Centrumweg 8
8162 PT Epe
Holland

Kolophon

Text
Richard van Aalst
Im Unterhof 2
D-51570 Windeck-Halsheid
Deutschland
Tel. 0049-2292-922389
richlandbears@aol.com

Fotos
Studio Max Wolters
Epe

Fotograf
Martin Hoogeboom

Textgestaltung
Nico Heins

Copyright ©
Richard van Aalst

NUR-code: 460

ISBN 90 5690 241 5

Herausgebracht durch
Niesje Wolters bv
Centrumweg 8
8162 PT Epe
Niederlande

Colophon

Text
Richard van Aalst
Im Unterhof 2
D-51570 Windeck-Halsheid
Germany
Tel. 0049-2292-922389
richlandbears@aol.com

Photos
Studio Max Wolters
Epe

Photographer
Martin Hoogeboom

Design
Nico Heins

Copyright ©
Richard van Aalst

NUR-code: 460

ISBN 90 5690 241 5

Published by
Niesje Wolters bv
Centrumweg 8
8162 PT Epe
Holland

Colophon

Texte
Richard van Aalst
Im Unterhof 2
D-51570 Windeck-Halsheid
l'Allemagne
Tel. 0049-2292-922389
richlandbears@aol.com

Photos
Studio Max Wolters
Epe

Photographe
Martin Hoogeboom

Mise en page
Nico Heins

Copyright ©
Richard van Aalst

NUR-code: 460

ISBN 90 5690 241 5

Edité par
Niesje Wolters bv
Centrumweg 8
8162 PT Epe
Pays-Bas

Nederlands: Inleiding

Inleiding

Toen ik aan een tweede boek dacht, wist ik gelijk dat het er één met clown beren moest worden. Ik verzamel ze zelf ook, vandaar dat ik mijn kennis wil delen.
Ik heb geprobeerd om van alles wat te maken.
Van eenvoudig tot zeer moeilijk met als laatste de beer Kai.
Bij het bedenken had ik al wat in mijn hoofd als eerste beer.
Dat moest een eenvoudige beer zijn. En ik maakte die ook. Maar wat bleek?
Hij was voor mijn begrip gemakkelijk te maken, maar niet voor iedereen.

Waarom?? Omdat het hoofd aan het lichaam vast zit. De beer die ik eigenlijk als laatste beer had bedacht is nu eerste.
Het is een Dollylike beer. Dolly was origineel van Steiff en was in een paar kleuren gemaakt.
In geen geval heb ik een kopie gemaakt maar een Dolly, naar mijn idee.
Waarom een clown beer??? Ik denk omdat die bij mij een glimlach op mijn gezicht brengt.
En ik heb veel plezier met het maken, je kan het zo gek niet bedenken of je kan het wel gebruiken voor een clown beer.
Laat je fantasie dan ook gewoon haar gang gaan, niets is te gek.
In de loop van de tijd heb ik allerlei reststofjes verzameld en die gebruik ik dan voor de clowns.
Probeer ook wat anders, iets wat je normaal niet zou doen.
Dolly heb ik in twee kleuren gemaakt om te laten zien wat het verschil kan zijn.
Ook het verschil van lang en kort haar.

Ik zeg niet met mijn boek dat het zo MOET, maar zo doe ik het.

Of dat de beste manier is kan ik niet zeggen.
Maar voor mij werkt het.

Veel plezier met het maken van de clown beren!

BIG BEAR HUGS & XXXX

Richard van Aalst

Deutsch: Einleitung

Einleitung

Als ich mich in Gedanken mit einem zweiten Arbeitsbuch beschäftigte, wußte ich eines sicher: es mußte ein Buch zum Thema Clown-Bären werden. Ich sammle sie selbst auch, also liegt es nahe, dass ich mein Wissen teilen möchte.Ich habe mich bemüht, Bärchen in verschiedenen Ausführungen zu entwerfen, von "ganz einfach" bis "recht schwierig" wie bei meinem letzten Entwurf, dem Bären Kai.
Bei meinen anfänglichen Überlegungen schwebte mir für den ersten Bären schon ein Modell vor: das sollte ein ganz einfacher Bär sein; den habe ich also genäht - und was stellte sich heraus?... der Bär, der für meine Begriffe einfach anzufertigen war, erwies sich für andere als schwierig. Der Grund: der Kopf sitzt am Rumpf fest.

An erster Stelle steht daher nun der Bär, den ich eigentlich ganz zum Schluß vorstellen wollte. Er ähnelt einem Dolly-Bären. Ursprünglich erschien ein Bär 'Dolly' bei Steiff, der in verschiedenen Farben produziert wurde.
Das heißt nun nicht etwa, dass ich 'Dolly' kopiert habe - keinesfalls: ich habe den Bären nach eigenen Ansichten und Einsichten entworfen.
Warum einen Clown-Bären? Ich denke, weil er mich zum Lächeln bringt.
Und die Arbeit daran macht so viel Spaß: für einen Clown-Bären kann man die verrücktesten Sachen verwenden; alles, was man so im Laufe der Zeit an Stoffresten und Krimskrams gesammelt hat ist für diese Bären geeignet.
Lassen Sie also Ihrer Phantasie freien Lauf - bei einem Clown-Bären geht alles. Probieren Sie mal etwas, was Sie normalerweise nicht tun würden.
Meine sogenannte Dolly habe ich in zwei Farben genäht um zu zeigen, wie unterschiedlich die Wirkung von ein und demselben Entwurf sein kann; auch den Unterschied bei lang- oder kurzhaarigem Fell.

Mit diesem Buch will ich nicht sagen: so-und-so muß es gemacht werden, sondern: so-und-so mache ich es. Ob es die beste Arbeitsweise ist, kann ich nicht beurteilen - es ist halt meine Arbeitsweise.

Viel Spaß beim Arbeiten der verschiedenen Clown-Bären!

Big Bear Hugs - Große Bärenumarmung & xxxx

Richard van Aalst

English: Introduction

Introduction

When I started thinking about a second book, I immediately knew that it would have to be a book about clown bears.
I collect clown bears myself and I have tried to make all kinds of bears.
So I would like to share with you what I have learnt.

Some of the bears in this book are easy to make, others, such as the last bear, Kai, are a bit more difficult. I already had a first bear in mind when I started thinking about the book.

The first bear was supposed to be an easy bear to make.
And for me it was. But although the bear was easy for me to make, not everyone found it as easy.

Why? Because the head is joined to the body.
So the first bear in the book is actually the bear I thought up last.
It is a bear like the Dolly teddy bear that was originally made by Steiff in a couple of different colours. This is my own version of Dolly.

Why clown bears? I think because they always bring a smile to my face.
And I have a lot of fun making them.
You can use virtually anything you can think of for a clown bear.
So let your imagination run away with you.

Over the years I have collected all kinds of remnants that I use to make the little clowns.
Try something different - something you wouldn't normally do.

I made Dolly in two different colours to show how colour makes a difference.

Shaggy fur and short-haired fur also makes a difference.
I don't say in my book that this is the only the way to do it, it is simply how I do it.
It is not bound to be the best way, but for me it works.

I hope that you will have a lot of fun making the clown bears!

BIG BEAR HUGS & XXXX

Richard van Aalst

Français: Préface

Préface

Pour mon deuxième livre sur la réalisation d'ours en peluche, j'ai choisi les ours à tête de clown. Je suis un grand collectionneur d'ours à tête de clown et c'est pour cela que je voudrais partager ma passion.

Dans ce livre, il y a des ours très divers; commençant par des patrons relativement faciles pour terminer avec le patron très difficile de l'ours KAI.

Au départ je voulais commencer ce livre avec un ours facile à faire, mais après l'avoir réalisé je me suis rendu compte qu'il était finalement assez compliqué étant donné la tête et le corps sont réalisés en une seule pièce.
J'ai donc inversé l'ordre des patrons et commence ce livre avec un ours semblable à Dolly.

Dolly était fabriqué par Steiff et existait en plusieurs couleurs. Je n'ai pas voulu le copier, mais je me suis inspiré de Dolly dans la réalisation de cet ours.

Le choix pour des ours à tête de clown vient du fait qu'ils me font sourire.
Je prends beaucoup de plaisir à la réalisation de ces ours d'autant plus que la gamme des tissus et matières qu'on peut utiliser est presque illimitée.
Laissez libre cours à votre imagination, tout est permis!

Pour mes ours à tête de clown, j'ai utilisé essentiellement des chutes de tissus que j'avais gardées au fil des années.
Essayez de sortir des chantiers battus, vous serez agréablement surpris des résultats.

Pour illustrer les différents styles que peuvent avoir deux ours du même patron, J'ai réalisé Dolly dans deux couleurs différentes et avec différentes longueurs de cheveux.

Ce livre ne prétend pas être l'unique méthode pour la réalisation d'ours en peluche mais c'est simplement ma façon de les fabriquer.
Je ne sais pas si elle est mieux ou moins bien que d'autres, mais pour moi elle fonctionne parfaitement bien.

Je vous souhaite beaucoup de plaisir dans la réalisation de ces ours à tête de clown!

Big Bear Hugs - Gros Câlins d'Ours & xxx

Richard van Aalst

Nederlands: Stoffen

Welke stoffen gebruiken we voor het maken van miniatuurberen?

Mohair

Kan gebruikt worden vanaf ongeveer 4 à 5 cm. Daaronder wordt het te moeilijk. Ikzelf ga niet onder de 4 cm met mohair.

Longpile Upholstery

Is langharig en zeer moeilijk om aan te komen.
Maar ziet er zeer goed uit. Helaas wordt het niet meer gemaakt, dus is het aan te raden om er zoveel mogelijk van te kopen.

Denk niet van 'nee, dat kan ik nog wel krijgen' want geloof me, een volgende keer komt er niet meer. Het voordeel van deze stof is dat je er goed een gezicht in krijgt door de haren weg te trimmen.

Zo kan je een beer een snor laten krijgen, door weg te trimmen.
Vanaf ongeveer 4 cm te gebruiken.
Maar het omdraaien wordt dan al moeilijk.

Kasjmier

Is mat en zeer goed te gebruiken bij de allerkleinste beren.
Laat zich ook zeer goed trimmen.
Door het trimmen krijg je nog meer gezichtsuitdrukking.
Er bestaat ook dik kasjmier, maar daar is moeilijk aan te komen.
Ook met dik kasjmier is het resultaat erg mooi.

Kasjmier laat zich ook goed bleken. Als u het gebleekt heeft, dan goed uitwassen en in de droger.
Niet te lang en goed laten drogen en uitwaaien, want het zal nog lang ruiken.
Door dit procédé wordt de kasjmier nog dikker en nog knuffeliger.

Upholstery

Makkelijk om aan te komen en laat zich goed verwerken.
Nadeel vind ik dat het glanst en dat het erg kort is.
Het is wel in elke kleur te krijgen die je maar wilt.

Crushed Velvet

Eenvoudig aan te komen.
Makkelijk te naaien met een goed eindresultaat, maar is erg moeilijk om te draaien.
Daar moet je veel geduld voor hebben.
Vanaf 6 cm te gebruiken maar ik raad aan vanaf 7 à 8 cm.

Engels Plush

Moeilijk aan te komen, maar is zeer aan te raden.
Het is mat en is meestal iets dikker en laat zich dus ook goed trimmen.
Deze stof is met name voor de nog net iets kleinere beer goed om mee te werken.

Tip: Koop van de anders uitziende miniatuurstoffen zoveel als u kunt voor nu of later. U krijgt er geen spijt van.

Deutsch: Stoffe

Welche Stoffe wählen wir für die verschiedenen Miniaturbären?

Mohair

Kann verwendet werden für Bären ab 4 - 5 cm.
Bei kleineren Bären wird die Verarbeitung zu schwierig.
Ich selbst arbeite nur ab 4 cm mit Mohair.

Langpoliger Möbelstoff (Longpole Upholstery)

Ein langhaariges Material, das wunderbar aussieht, aber nur sehr schwer zu bekommen ist.
Leider wird dieser Stoff nicht mehr hergestellt; es ist daher ratsam soviel wie möglich davon zu kaufen, wenn Sie ihn zufällig noch irgendwo entdecken.
Denken Sie bloß nicht: "Ach nein, den bekomme ich später auch noch..." - sondern glauben Sie mir: 'später' gibt es bei diesem Stoff nicht mehr.
Der Stoff hat den Vorteil, dass sich durch das Stutzen der Härchen das Gesicht schön formen läßt; so kann man dem Bären durch Trimmen einen Schnauzbart zurechtstutzen.
Dieser Stoff ist für Bären ab 4 cm zu verwenden.
Bei 4 cm ist das Wenden allerdings recht schwierig.

Kaschmir

Ein mattglänzender Stoff, der sich gut für die allerkleinsten Bären eignet.
Läßt sich auch sehr gut stutzen; dadurch wird das Gesicht noch ausdrucksvoller. Es gibt auch dicken Kaschmirstoff, aber der ist recht schwer zu bekommen. Auch mit diesem dicken Kaschmir ist das Ergebnis sehr schön.
Kaschmir läßt sich gut bleichen. Nach dem Bleichen gut auswaschen, im Trockner gut - aber nicht zu lange - trocknen lassen; danach den Stoff noch eine Weile gut auslüften lassen - der Geruch des Bleichmittels bleibt noch lange hängen. Durch die Bleich-Prozedur wird der Kaschmir noch dicker und flauschiger.

Möbelplüsch (Upholstery)

Diesen Stoff gibt es überall zu kaufen; er läßt sich leicht verarbeiten. Als Nachteil empfinde ich, dass der Stoff glänzt und sehr kurzhaarig ist. Aber es ist ein Stoff, den es in jeder gewünschten Farbe gibt.

Crushed Velvet (Knautschsamt)

Einfach zu bekommen.
Leicht zu verarbeiten, mit einem guten Resultat; die Arbeit läßt sich allerdings nur sehr mühsam wenden - das erfordert viel Geduld.
An und für sich ab 6 cm zu verwenden, aber ich empfehle Verarbeitung ab 7-8 cm.

Englischer Plüsch

Schwierig zu bekommen, aber sehr zu empfehlen.
Ein mattglänzender, meistens etwas dickerer Plüsch, der sich gut stutzen lät. Vor allem besonders kleine Bärchen lassen sich aus diesem Stoff ganz einfach arbeiten.

Tip: Wenn Sie irgendwo Plüschsorten für Miniaturtiere entdecken, die anders aussehen, dann kaufen Sie davon soviel wie möglich ein, auch als Vorrat für später; Sie werden es nicht bereuen.

English: fabrics

What fabrics do we use to make miniature bears?

Mohair

You can use mohair from approximately 4 to 5 cm. Anything less than that is too difficult.
Personally I draw the line at 4 cm when working with mohair.

Long-pile upholstery fabric

Long-pile upholstery fabric is very difficult to come by. But it looks great. Unfortunately the manufacturers have stopped making it, so if you do happen to come across any, buy as much as possible.

Don't think that you will still be able to get it - believe me, you won't get another chance.
The advantage of this fabric is that you can create a face in it by trimming away the hair.

You can even give your bear a moustache by trimming away the surrounding hair.

You can use this fabric from approximately 4 cm.
Even then it will be difficult to turn inside out.

Cashmere

Cashmere is matte and is ideal for the very smallest bears. It is also very easy to trim, which means that you can really define the expression on the face.

There is also thick cashmere, but this can be more difficult to come by. Thick cashmere also produces fabulous results.

Cashmere bleaches very well. Once you have bleached it, wash it out well and spin it briefly in the dryer - not too long.

Dry it on a clothes line to remove the smell of the beach. This process makes the cashmere even thicker and even more cuddly.

Upholstery fabric

Upholstery fabric is easy to obtain and easy to work with.
The disadvantage is that it shines and the pile is very short. You can find it in virtually any colour.

Crushed velvet

Crushed velvet is easy to obtain and easy to sew and produces a lovely end result.
But it is very difficult to turn it inside out. You have to have a lot of patience.
You can use crushed velvet from approximately 6 cm but I recommend 7 to 8 cm.

English plush

Difficult to find but highly recommended.
The fabric is matte and is usually that little bit thicker.

It is also very easy to trim. This fabric is especially easy to work with for bears that are that little bit smaller.

A tip: If you come across an unusual miniature fabric, buy as much as you can to use now or later. You won't regret it.

Français: tissus

Quels tissus peut-on utiliser pour la réalisation d'ours miniatures?

Mohair

À utiliser à partir de 4 à 5 cm. Pour des formats plus petits, je déconseille d'utiliser du mohair.

Longpile Upholstery

C'est un tissu à longs poils qui n'est plus fabriqué et par conséquent devenu très rare sur le marché.

Ce tissu est non seulement très joli d'aspect, mais il convient également très bien pour la réalisation des visages, en tondant simplement les poils.

Ceci est par exemple très pratique pour faire des moustaches.

Si vous avez la chance de trouver ce tissu dans le commerce, je vous conseille d'en acheter le plus possible parce que vous ne le trouverez peut-être plus une prochaine fois. À utiliser à partir de 4 cm environ.

Cachemire

C'est un tissu d 'aspect mat qui convient très bien pour la réalisation de petits ours. Il est également facile à tondre.

En le tondant vous pouvez obtenir plus d'expression du visage.
Il existe aussi du cachemire épais, mais il est assez rare sur le marché.

Le cachemire épais donne également de très jolis résultats.
Le cachemire peut se faire blanchir facilement.

Une fois blanchi, bien rincer et laisser sécher, de préférence dehors pour que l'odeur parte.
Par cette procédure, vous rendez le cachemire encore plus épais et douillet.

Upholstery

C'est un tissu agréable à traiter et il se trouve facilement dans le commerce.
Le désavantage est que ce tissu est brillant avec des poils très courts. Il existe dans toutes les couleurs.

Crushed velvet

C'est un tissu-velours facile à trouver dans le commerce et également facile dans le façonnage.Donne de très bons résultats.

Pour le retourner c'est un peu difficile, il faut le faire avec beaucoup de patience.
À utiliser à partir de 6 cm, mais je recommande de l'utiliser à partir de 7 ou 8 cm.

Plush Anglais

La peluche anglaise est difficile à trouver dans le commerce mais très agréable à traiter.
C'est un tissu mat, relativement épais. Il est facile à tondre.
Ce tissu convient bien pour les ours de petites tailles.

Conseil: N'hésitez pas à acheter des tissus un peu différents ou originaux en avance, ils vous serviront toujours.

Nederlands

De beren

Ik heb voor dit boek 7 beren ontworpen.

Mijn idee is om te laten zien hoe verschillend de beer er uitziet in de verschillende stoffen.
Ik heb dan ook mohair, long pile upholstery, upholstery gebruikt om zoveel mogelijk diversiteit te laten zien.
Ook verschillende ogen en neuzen. Probeer met de clowns wat anders te doen.

Ik heb me ook niet altijd gehouden aan de normale manier van schijven aanbrengen.

Dat gebeurt meestal met splitpen en schijf, maar ik heb ook met draden geschijfd op een manier zoals ik verderop in dit boek zal beschrijven **zie tekening 2**.

Funny zijn armen zijn op deze manier vastgemaakt.

Patroon Dolly

Dolly is een klassieke beer. Een keer gemaakt in blauw met wit kort mohair. Daarna rood met wit maar dan uit lang mohair en door anders de oren aan te brengen en andere ogen ziet hij er dan ook weer anders uit.

Patroon Funny

Funny is een grappige beer. Hij kan zijn hoofd niet bewegen omdat dat één geheel is met zijn lichaam en de verhouding is anders dan "normaal".

Patroon Silly Jack

Silly Jack is een zeer grappige beer met een zeer vreemde uitdrukking. Met name door zijn vreemde ogen.
Hij is geen miniatuur meer. Hij is al 15 cm groot.

Patroon Softy

Softy is een echte clown beer met een lieve uitdrukking en een glimlach.

Patroon Green Leave

Green Leave is bijna hetzelfde als Softy maar doordat we nu een geheel wit gezicht maken krijgt hij een andere uitdrukking en een ander mohair doet veel.

Patroon Pulpje

Pulpje is één van de kleinste die er bij is.

2

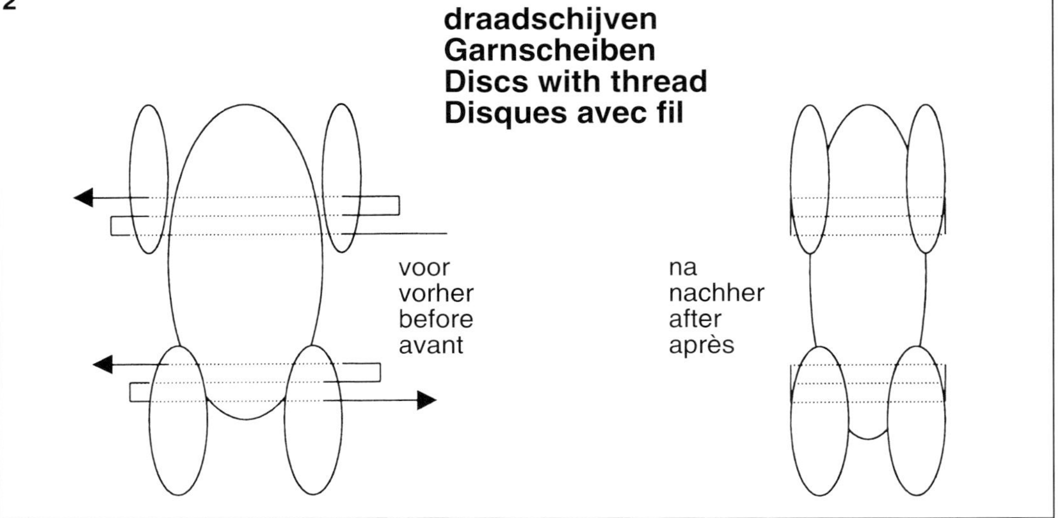

Deutsch

Die Bären

Für dieses Buch habe ich sieben Bären entworfen. Meine Überlegung dabei war zu zeigen, wie verschieden - abhängig von der jeweiligen Stoffwahl - so ein Bärchen aussehen kann.

Ich habe daher Mohair, Longpile Upholstery und Upholstery verarbeitet um so viel Varianten wie möglich zu zeigen.

Auch unterschiedliche Augen und Nasenformen habe ich gewählt.
Nur Mut - es macht Spaß bei den Clowns 'mal was anderes' zu probieren!

Beim Anbringen der Gelenkscheiben habe ich mich auch nicht immer an die übliche Arbeitsweise gehalten.

Im allgemeinen werden die Scheiben mit Splinten befestigt, aber ich habe sie hier und da auch schon mal mit Garn festgesetzt, wie weiter unten beschrieben **s. Zeichnung 2**.

Die Arme von Funny habe ich z.B. auf diese Weise befestigt.

Vorlage Dolly

Dolly ist ein klassischer Bär. Einmal genäht aus kurzfaserigem blauen und weißen Mohair; und einmal aus langfaserigem rot mit weißen Mohair. Durch die Unterschiede in Ohrenstellung und Wahl der Augen sieht jeder der Bären anders aus.

Vorlage Funny

Funny ist ein lustiger Bär; er kann seinen Kopf nicht bewegen, da Kopf und Leib aus einem Stück sind; die Proportionen sind hier anders als 'normal'.

Vorlage Silly Jack

Silly Jack ist ein sehr lustiger Bär mit einer ganz merkwürdige Ausstrahlung. Das kommt vor allem durch seine eigenartigen Augen. Dies ist kein Miniatur-Bär. Er ist 15 cm lang.

Vorlage Softy

Softy ist ein richtiger Clown-Bär mit einem lieben, lächelnden Gesichtsausdruck.

Vorlage Green Leave

Green Leave ist nahezu der gleiche Bär wie Softy, bekommt aber, da wir ihm ein ganz weißes Gesicht geben, einen ganz eigenen Ausdruck; und ein anderer Mohair macht viel aus!

Vorlage Pulpje

Pulpje ist einer der kleinsten Bären in dieser Galerie.

Vorlage Kai

Bärchen Kai ist, wegen des Kopfes, wohl am schwierigsten zu nähen.

English

The bears

I have designed seven bears for this book.

To show you how different the bears look in the different fabrics, I have used mohair, long-pile upholstery fabric and ordinary upholstery fabric to create as much variation as possible.
I have also used different eyes and noses. Try to do something different with the clowns.

I have also used different methods of attaching the discs. Discs are normally attached with a cotter pin, but I have also attached discs with thread. I explain how to do this further on in this book **see figure 2**.

Funny's arms are attached in this way.

Pattern for Dolly

Dolly is a classic bear. Here he is made in blue and white with short mohair and in red and white with long mohair.
Attaching the ears differently and using different eyes makes the two bears look very different.

Pattern for Funny

Funny is a funny bear. He can't move his head because it is joined to his body and he is in an unusual posture.

Pattern for Silly Jack

Silly Jack is a very funny bear with a very strange expression largely due to his unusual eyes.
He is not really a miniature bear - he is 15 cm long.

Pattern for Softy

Softy is a real clown bear with an endearing expression and a smile.

Pattern for Green Leaves

Green Leaves is almost the same as Softy but the white face gives him a different expression and different mohair also alters the overall effect.

Pattern for Pulpje

Pulpje is one of the very smallest bears.

Pattern for Kai

Kai's head makes him the most difficult bear to make. The pattern is made up of seven pieces. Normally there are only three pieces.

Working in two or more colours helps to create the idea of a pair of trousers. Silly Jack, Softy, Green Leaves and Pulpje all look as if they are wearing trousers.

You can enhance the effect by wrapping a ribbon around the bear's tummy - as if it were a belt.
I've done this with Softy.
You can even add a little button as a finishing touch.

Tips

1. Always use good quality material for the bears.
Also try to find the best needles and thread.
I use Serafiel yarn no. 60, which is strong and thin.
I get my needles from England.

Try out all of the embroidery threads you can find.
Make sure that the yarn is not too thick.

Français

Les Ours

Dans ce livre, je propose 7 ours différents.

Mon but est de montrer que les ours peuvent avoir des styles très différents selon les différents tissus utilisés.

J'ai utilisé du mohair, du longpile upholstery et upholstery pour montrer cette diversité.

À part les tissus, le choix des yeux et du museau y contribue aussi.

Ce qui concerne le montage des disques et des goupilles, je ne les pose pas toujours selon la méthode usuelle.

Plusieurs fois j'ai utilisé des fils pour fixer les membres au corps **voir fig. 2**.

Les bras de l'ours Funnie sont fixés de cette façon.

Patron Dollie

Le patron de Dollie est un ours classique.
Le premier est fait en mohair bleu et blanc à poils courts et le deuxième en mohair rouge et blanc à poils longs.

Du fait que le deuxième n'a pas les mêmes yeux que le premier et que les oreilles sont également positionnées différemment, ils ne se ressemblent pas beaucoup.

Patron Funnie

Le patron de Funnie est un ours plutôt drôle qui a la tête immobile parce qu'elle est intégrée dans le corps.

Les proportions du corps ne sont pas commodes.

Patron Silly Jack

Le patron de Silly Jack est un ours vraiment rigolo qui a un regard très étrange, essentiellement dû à ses yeux bizarres.
Il fait 15 cm et ce n'est plus vraiment un ours miniature.

Patron Softie

Le patron de Softie est un vrai ours à tête de clown.
Il a un regard très doux et un sourire charmant.

Patron Green Leave

Le patron de Green Leave est pratiquement identique à Softie, mais grâce à son visage tout blanc il n'a pas du tout la même expression.
En utilisant un mohair différent on obtient encore un autre style.

Patron Pulpje

Le patron de Pulpje est un des plus petits ours de ce livre.

Patron Kai

Le patron de Kai est le plus difficile de tous les patrons à cause de la tête qui est composée de 7 partis au lieu de 3 habituellement.

Il est réalisé en deux (ou plusieurs) couleurs; ce qui crée l'effet d'un pantalon.

Les ours Silly Jack, Softie, Green leaves et Pulpje en montrent l'exemple.

On peut accentuer cet effet en collant un ruban autour du bas-ventre (voir Softie).

Pour donner une touche finale vous pouvez coudre un petit bouton au milieu du ruban.

Nederlands

Patroon Kai

Kai is door het hoofdje wel de moeilijkste om te maken. Bestaat uit 7 delen. Normaal 3 delen.

Doordat we in twee of meer kleuren werken krijg je het idee van een broek. Goed te zien bij Silly Jack, Softie, Green Leaves en Pulpje.

En dat kan je nog beter tonen door een lint over de buik te laten lopen als een soort van riem. Zoals ik bij Softie gedaan heb.

En als er dan nog een klein knoopje geplaatst wordt, dan is het af denk ik zo.

Tips:

1. Gebruik altijd goed materiaal voor de beren. Ga ook op zoek naar de beste naald en draad. Mijn garen is van serafiel Nr. 60, dit is stevig en dun. Naalden haal ik uit Engeland. Probeer alle borduurgarens uit die er zijn. Let er wel op dat de garens niet te dik zijn.

Neem een klein schaartje met een fijne punt. Een omkeertang is héél erg belangrijk. En om de splint aan te draaien kunt u het beste een tang met een ronde top gebruiken. Ik heb er een van de Hema en die gaat al 9 jaar mee.

2. Alle patroondelen zijn zonder naadtoeslag getekend. Neem dus een naadtoeslag van 3 à 4 mm.

3. Zoals ik eerder al schreef: neem de stof die u wilt. Probeer alles uit. Als het een rafelstof is met anti-rafel vloeistof behandelen. Ik naai altijd op de teken-rand.

4. Ogen zijn heel erg belangrijk. Koop meer dan één paar ogen en kijk of ze even groot zijn. Kijk ook of ze goed vast zitten. Het kan gebeuren dat hij los schiet, als u het oog in de kop trekt. Wees niet te eurgesteld, dit kan gebeuren.

Maar gebeurt het vaker, zeg het dan tegen diegene bij wie u het gekocht heeft, zodat hij/zij er rekening mee kan houden. Ik vertel ook niet hoe groot de ogen moeten zijn. Dat is echt de smaak van de ma(a)k(st)er. Ik zal wel aangeven wat misschien het beste is.

Ik heb ook niet aangegeven waar de oren komen. Dat vind ik heel persoonlijk. Meestal plaats ik de oren net boven de naad en ook wel iets er onder.

5. Zoals u zult zien hebben mijn beren geen handpads maar alleen voetpads. Ook daar kan men van alles voor gebruiken. Ik gebruik het meest suèdine of ultra-suède.

6. Op het patroon is aangegeven waar de vul- en draai-opening is.

7. Doordat we kleine steekjes maken bij het naaien en we een ruime naadtoeslag nemen kunnen we de beer stevig vullen als we dat willen. Men hoeft dan ook niet bang te zijn dat de naden open gaan staan. Iemand die goed naait zal zien dat de naden niet open kunnen staan.

Deutsch

Die Schnittvorlage besteht aus 7 Teilen; üblich sind 3 Teile.

Da wir mit Stoffen in zwei oder mehr Farben arbeiten sieht es so aus als ob die Bären Höschen an haben. Das ist bei Silly Jack, Softy, Green Leaves und Pulpje gut zu sehen.

Mit einem Band als eine Art Gürtel um den Bauch verstärken Sie diesen Eindruck noch; und wenn dann noch ein Knöpfchen darauf genäht wird, ist die Sache perfekt, meine ich.

Tips:

1. Verwenden Sie nach Möglichkeit immer erstklassiges Material für die Bären. Wählen Sie die besten Nadeln und Garne, die Sie finden können. Ich selbst arbeite mit Serafil-Garn Nr. 60, das ist ein dünnes aber starkes Garn. Versuchen Sie Nadeln aus England zu beziehen (meine kommen daher). Probieren Sie alle Stickgarne aus, die es gibt; allerdings sollten diese Garne nicht zu dick sein. Eine kleine Schere mit feiner Spitze benutzen. Ganz besonders wichtig: eine Klemmschere! Zum Aufrollen der Splinte eignet sich eine Zange mit runder 'Spitze' am besten; meine stammt aus einem Billig-Warenhaus - damit arbeite ich bereits seit neun Jahren.

2. Alle Schnittmusterteile sind ohne Nahtzugabe gezeichnet; also jeweils 3 - 4 mm Zugabe berücksichtigen.

3. Wie schon gesagt: Sie können jeden Stoff verwenden, den Sie wünschen; probieren Sie alles aus. Einen leicht ausfransenden Stoff vorher mit einer im Handel erhältlichen Flüssigkeit behandeln, die das Ausfransen verhindert.

Am besten immer auf dem gezeichneten Rand nähen.

4. Die Augen sind ganz besonders wichtig. Kaufen Sie mehr als nur ein einziges Paar Augen. Kontrollieren Sie ob die Augen jeweils gleich groß sind, und ob sie gut festsitzen. Dass so ein Auge während des Ansetzens beim Anziehen des Fadens plötzlich abspringt, kann schon mal vorkommen und ist nicht weiter tragisch.

Passiert dies jedoch häufiger, dann sollten Sie Ihren Lieferanten davon unterrichten, sodaß er das Nötige unternehmen kann.Ich schreibe Ihnen nicht vor, wie groß die Augen zu sein haben. Das richtet sich ganz nach dem Geschmack der Herstellerin bzw. des Herstellers. Ich kann höchstens angeben, wie man vielleicht am besten vorgeht.

Die Ohren: auch hierfür ist kein verbindlicher Ansatzpunkt vorgeschrieben; das ist wieder so eine ganz persönliche Sache.

Ich selbst setze die Ohren meistens knapp oberhalb der Naht an, manchmal aber auch knapp unterhalb.

5. Wie Sie sehen haben meine Bärchen keine Innenflächen an den Vorderpfoten, sondern lediglich Fußsohlen.

English

You will also need a small pair of scissors with a fine point. A pair of reversing pliers is very important.
And to tighten the splint it is best to use a pair of pliers with a rounded end.
I bought a pair from Hema and I have been using them for nine years!

2. The pattern pieces do not include seam allowance.
So remember to add 3 to 4 mm for the seam allowance.

3. Use any fabric you want.
Try everything.
If the fabric frays, treat it with a liquid that will stop it fraying. I always sew on the drawn edge.

4. The eyes are very important. Buy more than one pair of eyes and make sure that they are the same size. Also check that they are firmly attached.

Occasionally the eye will shoot off when you pull the eye into the head.
Don't be disappointed, this can happen.
If it keeps happening, tell the person you bought the eyes from so that he or she can bear it in mind.
The size of the eyes is really up to you.
I simply suggest what I think works best.

The position of the ears is also a matter of personal taste. So I haven't specified a precise point.
I usually place the ears just above the seam and occasionally just below the seam.

5. As you will see, my bears don't have palms but they do have soles.
Again, you can use all kinds of fabrics for this.
I tend to use suedine or ultra-suede.

6. The stuffing and reversing openings are indicated on the pattern.

7. By using small stitches and including a generous seam allowance it is possible to stuff the bear very firmly - if that's the effect you want.

Then you don't have to worry that the seams will come apart.
Careful sewing will ensure that the seams won't come apart.

8. Ladder stitch can be used for two different purposes.
You can use it to sew up a seam and you can also use it to sew on the ears see **figures 1a and 1b**.

9. Always be aware of the nap. (This is the direction in which the 'fur' lies when it is smoothed down.)
Place the pattern pieces on the fabric as shown in the book with the 'fur' smoothed down.

Some fabrics will stretch a lot. In this case you need to ensure that the piece for the face is aligned with the nap.
If the pattern pieces are not placed on the fabric in line with the nap, when you come to stuff the bear, the right side of the face may suddenly look a lot fuller.
This is because the fabric has stretched, which is not what you want.

10. Make sure you always stuff the head very firmly.
Why? It makes it far easier to embroider the nose.
I always start by stuffing the nose and then gradually fill out the rest.

Français

Conseils:

1. Utilisez uniquement des matériels de bonne qualité, surtout ce qui concerne les aiguilles et le fil.
Je vous conseille d'utiliser un fil solide et fin en même temps.

Mes aiguilles viennent d'Angleterre.
Je vous conseille d'essayer plusieurs voir tous les fils à broder qui existent.
Veillez à ce que les fils ne soient pas trop épais.
Utilisez des petits ciseaux à pointe fine.

N'oubliez pas la pince de serrage, elle est indispensable.
Pour serrer les armatures en métal, vous pouvez utiliser une pince à tête ronde qu'on trouve dans les magasins de bricolage.

2. Il faut prévoir une marge de couture de 3 à 4 mm autour de toutes les pièces des patrons.

3. Utilisez sans hésitation le tissu que vous voulez.
Essayez des différentes choses.
Si le tissu s'effiloche beaucoup, je vous conseille de le traiter avec un produit anti-effilochage (Fray Check par exemple).
La couture se fait sur le bord de la ligne du patron.

4. Les yeux sont très importants. Achetez - en plusieurs pairs et vérifiez s'ils sont de la même taille et s'ils sont bien fixés.
Il arrive que l'oeil se détache quand vous le fixez sur la tête; ne soyez pas déçus ce n'est pas bien grave. Néanmoins si cela se reproduit à plusieurs reprises vous devriez en informer votre mercerie.
Je vous n'impose pas la taille des yeux car c'est très personnel; c'est à vous de choisir.
Toutefois, je vous indiquerai comment procéder au mieux.

Pour l'emplacement des oreilles, vous avez également le libre choix.
Personnellement je les fixe juste au-dessus de la couture de la tête et parfois juste en dessous.

5. Comme vous pouvez le voir, mes ours ont uniquement des dessous sur les pattes et pas sur les mains.
Les dessous des pattes peuvent êtres réalisés dans toutes sortes de tissus.
La plupart du temps j'utilise la suédine ou suédine-ultra.

6. Les patrons indiquent les ouvertures pour retourner et rembourrer l'ours.

7. Si on veut rembourrer l'ours fermement je vous conseille de coudre à petits points et de prendre une marge de couture assez large. Ainsi vous ne risqueriez pas que les coutures s'écartent.
Une couture qui est réalisée correctement ne s'écarte jamais.

8. Le point de fermeture est utilisé pour fermer les ouvertures et pour fixer les oreilles sur la tête voir **fig. 1a en 1b**.

9. Faites attention au sens du poil. Suivez les exemples donnés dans ce livre et placez les tissus toujours avec le sens du poil dirigé vers le bas.

Il peut arriver que le sens du poil parte dans plusieurs directions.

Nederlands

8. De laddersteek is geschikt voor twee doeleinden. Eén om een naad mee dicht te maken en een om een oor mee vast te naaien **tekening 1a en 1b**.

9. Let altijd op de vachtrichting. Zoals de patronen in het boek staan moet het ook op de stof komen: met de vachtrichting naar beneden.

Het kan gebeuren dat een stof zeer draait. Zoek dan een stuk uit waar men het gezicht uit kan halen (met de vachtnaad beneden). Want als we die scheef op de stof leggen, kan het gebeuren dat het gezicht er met het vullen heel vreemd uit gaat zien.
Dat komt door de rek van de stof. Het zou dus kunnen gebeuren dat de rechterkant van het gezicht dan opeens veel dikker is en dat is niet de bedoeling.

10. Het hoofd vult u altijd heel erg stevig op.
Waarom? U zult zien dat een neus borduren dan opeens veel makkelijker gaat. Ik begin altijd in de neus met vullen en dan langzaam de rest.
Een andere tip is om aan het middenstuk van de kop een extra stuk te laten.

Dat geeft met het vullen een extra houvast. Die heb ik dan ook getekend met schuine streepjes er door. En doordat iedereen anders naait kan het gebeuren dat je net iets meer nodig hebt dan op het patroon is aangegeven.
Het rest stukje kunt u later als we de schrijf plaatsen weg knippen.

Als we de kop hebben gevuld gaan we haren weg knippen op de neus, bij de ogen en op de wangen.
En dat naar eigen idee.
Het kan gebeuren dat blijkt dat de beer aan één kant niet goed gevuld is.
Dan proberen we nog wat bij te vullen met de keertang.

Als de kop goed is gevuld, dan gaan we soft-sculpten. "Wat is dat??", hoor ik u al zeggen. Ik zal het u uitleggen.
We nemen een lange dunne naald en een dubbele draad met een grote stevige knoop er in. Dan nemen we twee kopspelden en kijken we waar we de ogen willen hebben.
Dan gaan we vanuit de nekopening naar één van beide spelden en komen er weer uit.

1.

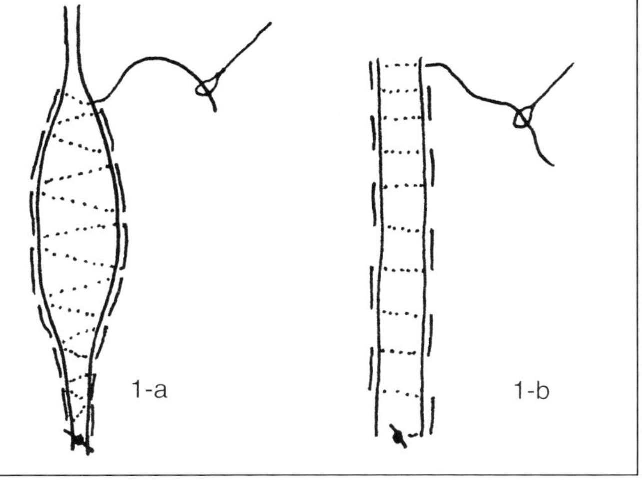

Deutsch

Auch hierfür läßt sich vielerlei Material verwenden.
Ich verarbeite zumeist Suèdine oder Ultra-Suède.

6. Füll- und Drehöffnungen sind jeweils auf dem Schnittmuster angegeben.

7. Soll der Bär besonders prall gefüllt werden, dann empfiehlt es sich die Nahtzugabe etwas großzügiger zu bemessen und mit kleinen Stichen zu arbeiten; dann brauchen Sie nicht zu befürchten, dass die Nähte 'klaffen'.

8. Der Matratzenstich findet hier zwiefache Anwendung: einmal um die Naht zu schließen, und zum anderen um die Ohren zu befestigen **s. Zeichnungen 1 a und 1 b**.

9. Immer auf die Fellrichtung achten! So wie die Schnittmusterteile in der Vorlage abgebildet sind, müssen sie auch auf den Stoff gelegt werden; die Strichrichtung (der Flor) des Stoffes geht dabei nach unten.

Es kann passieren, dass sich ein Stoff erheblich verzieht. Suchen Sie sich dann ganz besonders zum Zuschneiden des Gesichtes ein Stück Stoff aus, auf das Sie die Schnittvorlage präzise übertragen können, mit der Fellrichtung des Stoffes nach unten.

Wird nämlich die Schnittvorlage schief auf den Stoff gelegt, dann kann es passieren, dass das Gesicht beim Stopfen recht merkwürdige Züge annimmt. Das kommt durch die Dehnbarkeit des Stoffes. So könnte es geschehen, dass die rechte Gesichtshälfte auf einmal viel dicker ist als die linke, und das ist natürlich nicht der Zweck der Sache.

10. Den Kopf sollten Sie immer recht prall ausstopfen. Warum?
Sie werden merken, dass das Aufsticken der Nase dann viel leichter geht.
Ich selbst stopfe immer erst die Nasenpartie aus und fülle dann langsam den Rest des Kopfes.

Ein anderer Tip ist: lassen Sie am Mittelteil des Kopfes ein zusätzliches Stückchen Stoff stehen, das gibt Ihnen einen guten Halt beim Füllen.

Da jeder Mensch 'anders' näht, kann es leicht passieren, dass man an dieser Stelle eigentlich etwas mehr Stoff gebrauchen könnte, als das Schnittmuster normaler Weise vorsieht.

Ich habe diese Möglichkeit beim Zeichnen der Vorlage berücksichtigt und diesen Stoffstreifen schraffiert angegeben.
Dieser zusätzliche Streifen kann später beim Einsetzen der Kopfscheibe weggeschnitten werden.

Das Füllen/Stopfen geschieht mit der Klemmschere.
Ist der Kopf gefüllt, dann stutzen Sie das Fell im Nasenbereich, zu den Augen hin und in der Wangenpartie, und zwar nach eigenem Wunsch und Ermessen.

Prüfen Sie ob der Kopf schön gleichmäßig gestopft ist; andernfalls versuchen Sie die Arbeit mit der Klemmschere noch etwas aufzufüllen.

English

Another helpful tip is to include an additional piece of fabric on the middle piece of the head.
This will give you something to hold on to when you come to stuff the bear.
This additional piece is shaded with diagonal lines.

Because everyone sews differently, you may need a little bit more than is marked on the pattern.
You can cut off the additional piece later once you have inserted the disc.

Once you have filled the head with stuffing, you can trim some of the hair on the nose, around the eyes and on the cheeks. How much or how little is up to you.
You may discover that one side of the face is stuffed more firmly than the other.
In this case you can try to insert some more stuffing with the reversing pliers.

Once the head is firm, we can do some 'soft sculpting'. "What's that?" I hear you say.
Let me explain. We take a long thin needle, thread it double and tie a large firm knot in the thread.
Then we take two round-headed pins and decide where we want the eyes.

Then we insert the needle via the neck opening and come out next to one of the two pins.
We insert the needle back into the head approximately 2 mm from where we came out, coming back out through the neck opening.

If you pull on the thread you will create a hollow.
Do this 2 or 3 times and the eye will sit more deeply in the head. Do the same thing on the other side.

Sewing from one eye to the other also produces a nice effect, creating a bridge for the nose.

Once the head is nicely sculpted, we can sew on the eyes.
Take a long piece of thread and fold it double.
Insert the two ends of the thread through the **loop** at the back of the eye.
We now have the eye with two ends on one side and a **loop** on the other.
Thread the two ends of the thread back through the **loop** and pull the ends tight.
The eye is now firmly attached to the thread.

We then thread the two ends of the thread through the eye of a needle so that we can stitch the eyes into the hollows we created earlier.
When we have done this with both eyes, we check that the eyes are level.
If they are, we take the four ends and tie a firm double knot.

Then we check again to make sure that we are happy with the way the eyes are placed.
If we are, we tie another two single knots and cut off the remaining threads. (I use dental floss as a yarn for the eyes!)

11. Attaching the arms and legs to the body with thread. How do we do that?
We take the arms and legs and 4 round-headed pins. (The head must already be attached to the body and the body must be filled with stuffing and the seams sewn up.)

We take the arms and pin them to the body with round-headed pins.

Français

Dans ce cas, il faut d'abord délimiter une partie du tissu assez grande pour la tête et le visage (le sens du poil toujours vers le bas) car si la tête est positionné de travers sur le tissu, le visage risque de se déformer pendant le rembourrage.

Ceci est dû à l'élasticité du tissu. Il pourrait ainsi arriver que le côté droit du visage est beaucoup plus épais que le côté gauche est ceci n'est pas le but.

10. Je vous conseille de rembourrer la tête très fermement; ça vous facilitera de broder le nez.
Personnellement je rembourre d'abord le nez et ensuite le reste de la tête.
Un autre conseil: laissez une bande de tissu supplémentaire sur la partie du milieu de la tête.
Ça vous donnera plus de prise pendant le rembourrage.

C'est illustré sur le dessin avec des traits diagonaux.
En fonction de la façon de coudre de chacun, on a parfois besoin d'un peu plus de tissu que ce qui est indiqué sur le patron.
Vous pouvez couper le tissu superflu quand vous insérez les disques.
Une fois la tête rembourrée on peut raser les poils sur le nez, autour des yeux et sur les joues. Vous le faites comme vous voulez.

Il se peut qu'un des côtés de l'ours soit plus rembourré que l'autre.
Si c'est le cas, il faut rembourrer un peu plus jusqu'à ce que les deux côtés soient symétriques.
Après avoir rembourré la tête, on procède à ce que j'appelle le "soft-sculpting".

Vous vous demandez sûrement qu'est-ce que c'est, alors j'explique:
Prenez une longue aiguille très fine, et un double fil avec un gros noeud au bout.

À l'aide de deux épingles (avec une tête assez grosse) déterminez l'emplacement des yeux.
Rentrez l'aiguille par l'ouverture de la nuque dans la tête, traversez la tête et sortez celle-ci à côté de l'une des épingles.

Rentrez l'aiguille 2 mm à côté à nouveau dans la tête et sortez l'aiguille par l'ouverture de la nuque.
En serrant les fils vous obtiendrez plus de profondeur.

Répétez cette opération 2 ou 3 fois pour que l'úil s'encastre bien profondément dans l'orbite.
Faites la même chose pour le deuxième oeil.
Si vous passez l'aiguille d'un côté de l'oeil à l'autre, vous créez l'effet d'un cartilage latéral du nez.

Fixez les yeux en verre une fois que vous êtes parfaitement sûr de l'endroit choisi. Prenez un double fil assez long et enfilez les deux extrémités du fil dans l'oeillet en métal au dos de l'oeil.
Tirez les deux extrémités du fil de façon qu'il y aura une petite boucle qui dépassera de l'autre côté de l'oeillet.
Passez les deux extrémités dans la petite boucle et serrez fort. Ainsi l'oeil est fixé sur le fil.

Enfilez le fil sur une aiguille et fixez les yeux dans les orbites.
Veillez à ce qu'ils soient fixés à la même hauteur.

Nederlands

We gaan dan ongeveer 2 mm ernaast weer terug in de kop naar de nekopening. Door dit aan te trekken zal je zien dat je een extra diepte krijgt.

Door dit 2 à 3 keer te doen komt later het oog er dieper in. Doe dit natuurlijk ook aan de andere kant. Het geeft ook een leuk effect als we van het ene oog naar het andere gaan. Dan ontstaat er een neusbrug.

We plaatsen de ogen als we er tevreden mee zijn. Neem een lange dubbele draad en neem nu het oog in de hand.

Steek de twee uiteinden door de **loop** aan de achterkant van het oog. Als we dit doortrekken hebben we het oog en aan één kant de twee uiteinden en aan de andere kant een **loop**.

Door die **loop** halen we nu de twee uiteinden en trekken het daar aan. Nu is het oog vast aan de draad.

Nu steken we met een naald de ogen op de aangebrachte oogholtes. Als we dit bij beide ogen hebben gedaan kijken we of ze op gelijke hoogte zitten of niet. Zo ja, dan nemen we de vier uiteinden en maken een stevige dubbele knoop en kijken weer of de ogen goed er in zitten. Zo ja, maken we nog twee keer een enkele knoop en steken de restdraden weg door de kop. Als garen voor de ogen neem ik tandflos-garen.

11. Armen en benen met draden bevestigen aan het lichaam, hoe doen we dat?

We nemen de armen en benen en 4 kopspelden. De kop moet dan aan het lichaam zijn bevestigd en het lichaam moet ook gevuld en dicht zijn genaaid.

Dan nemen we de armen en bevestigen ze met een kopspeld aan het lichaam, op de plek die er het meest geschikt voor is.

Denk er aan dat de armen iets naar boven getrokken worden als we met draden bevestigen, dus beter iets lager plaatsen dan te hoog. Als de armen goed zitten nemen we een lange dunne naald en een lange dubbele draad zonder er een knoop in te leggen.

We steken nu de lange naald van de buitenkant van de arm door de arm door het lichaam en komen er aan de andere kant uit en steken daar ook door de andere arm en komen er aan de ander kant weer uit.

Dan gaan we deze weg ook terug maar dan met een afstand van 2 à 3 mm. Als we dit gedaan hebben, hebben we aan één van de armen aan de buitenkant de twee uiteinden hangen en de lange naald met lange draad.

Nu gaan we nog een keer terug door de eerste opening. Nu hebben we aan beide kanten twee draden hangen.

Als we dit vervolgens aantrekken zult u zien dat de lichaamsdelen naar het lichaam worden getrokken.

Trek stevig aan en ga nog een keer heen en terug en trek weer de draden goed aan.

Deutsch

Wenn der Kopf gut ausgestopft ist beginnt das sogenannte soft-sculpting.

"Was ist das denn?"... höre ich Sie schon fragen. Also, das geht so: Sie nehmen eine lange, dünne Nadel und einen doppelten Faden mit großem, festen Knoten.

Sie bestimmen die Ansatzpunkte für die Augen und markieren diese Stellen mit Stecknadeln. Dann führen Sie die lange Nadel von der Kopföffnung aus zu einer der beiden Stecknadeln und ziehen den Faden durch. Etwa 2 mm neben dem Austrittspunkt einstechen und die Nadel wieder nach hinten zur Kopföffnung im Nacken führen.

Wenn Sie den Faden jetzt anziehen sehen Sie, dass sich eine schöne Augenhöhle bildet. Diesen Vorgang noch 2 - 3 mal wiederholen, dann liegt das Auge noch tiefer. Die zweite Augenhöhle ebenso arbeiten.

Einen weiteren schönen Effekt erzielen Sie, wenn Sie Nadel und Faden von einem Auge zum anderen führen: so entsteht ein Nasenrücken. Wenn Sie mit dem Gesicht zufrieden sind, werden die Augen eingesetzt. Dazu einen langen, doppelten Faden nehmen; die beiden losen Enden durch die Öse des Auges schieben und weiter durchziehen bis Sie auf der einen Seite der Öse die beiden Fadenenden, auf der anderen die Schlaufe des Doppelfadens haben. Die beiden Fadenenden schieben Sie durch die Schlaufe und ziehen sie an.

Jetzt ist das Auge mit dem Faden verknüpft.

Die beiden Augen jeweils mit der langen Nadel in die vorbereitete Augenhöhle stecken. Haben Sie das mit beiden Augen getan, können Sie prüfen ob sie richtig sitzen oder nicht. Wenn ja, dann nehmen Sie die vier Fadenenden und machen einen festen Doppelknoten. Kontrollieren Sie nochmals, ob die Augen gut in den Augenhöhlen liegen. Entspricht alles Ihren Wünschen, dann noch zweimal einen einfachen Knoten machen und den Rest der Fadenenden in den Kopf ziehen.

Zum Ansetzen der Augen verwende ich Zahnseide.

11. Arme und Beine mit Garn am Leib befestigen, wie macht man das? Arme und Beine müssen bereits ausgestopft sein, und wir benötigen 4 Stecknadeln. **Beachte:** der Leib muß ebenfalls ausgestopft und die Füllöffnung geschlossen sein, der Kopf ist bereits angesetzt.

Die Arme/Beine werden jetzt mit Stecknadeln dort am Leib befestigt, wo es am besten aussieht. Dabei ist folgendes zu bedenken: wenn Sie die Arme mit Garn befestigen, dann werden sie dabei etwas nach oben gezogen; also lieber etwas tiefer ansetzen als zu hoch.

Haben Sie die geeignete Stelle für die Arme/Beine gefunden, dann nehmen Sie eine lange dünne Nadel mit einem langen doppelten Faden ohne Knoten am Ende.

English

Bear in mind that the arms will end up a little bit higher when they are attached with thread, so it is better to place them a little bit lower rather than too high.

Once we are happy with the position of the arms, we take a long thin needle and thread it double with a long piece of thread without a knot.

From the outside of the arm we insert the long needle through the arm and through the body and come out the other side.
There we insert the needle through the other arm and come back out the other side.

We do this again 2 or 3 mm from where we first inserted the needle.
Once we have done this, the needle and thread and the two ends will both be on the same side.
Now we insert the needle back through the first opening.

Now there are two threads on both sides. Then as you pull on the threads you will see that this pulls the arms into the body.

Pull firmly on the threads. Insert the needle from one side to the other and back again, and once again pull tightly on the threads.
Once the arms are securely attached, we do the same thing with the legs.

But what do we do with the threads?
We hide the threads by sticking them into the arm and the body. Remember that the arm has to be able to rotate. Once you have checked that the arms will rotate, cut off any ends.

Do the same thing with the two ends on the other side.

I don't know if anyone else uses this method, but I find that it works very well.
If we do it differently - if, for example, we tie a knot between the arm and the body - the arm will eventually work loose.

You can attach the limbs with thread when making Funny, Pulpje and Kai.

A tip when working with ladder stitch

When sewing up the stuffing openings with ladder stitch it is a good idea to poke the fur that should be inside the bear back through the seam with a thick needle.
This will produce a flat seam that will look a lot better.

Pattern

Cut out all of the pattern pieces and copy them onto lampshade plastic.
This lasts longer than anything else and can be purchased from any good arts and crafts shop.

I also copy the pattern onto paper. Then if I make any changes, I can copy them onto the paper and also make a note of why I have changed something.

It can also be interesting to go back to an old pattern. The pattern will look different as a result of what you have learnt in the meantime.

Français

Nouez les quatre extrémités des fils en double noeud et vérifiez à nouveau si l'emplacement des yeux est correct. Terminez par deux simples noeuds et rentrez le reste du fil dans la tête. Pour fixer les yeux j'utilise du fil dentaire.

11. Pour monter les bras et les jambes sur le corps, on procède de la façon suivante: Prenez les bras et les jambes une fois que la tête est fixée et le corps rembourré et fermé... épinglez les bras sur le corps à l'endroit souhaité.

Tenez compte du fait que les bras vont légèrement remonter au moment de serrer les fils, il faut donc mieux les placer un peu plus bas que trop haut.
Ensuite vous préparez une longue aiguille fine avec un double fil assez long sans faire de noeud.
En passant par l'extérieur du bras, rentrez l'aiguille dans le bras, traversez le corps et sortez par l'autre bras.

Faites la même chose dans le sens opposé, mais cette fois rentrez l'aiguille 2 à 3 mm en-dessous du premier fil.
Une fois cette opération terminée les deux extrémités du fil ainsi que l'aiguille se retrouvent à l'extérieur d'un des bras.
Faites passer l'aiguille une deuxième fois par le premier trou.
Maintenant il y a deux fils de chaque côté des bras.
En serrant bien les deux côtés, les bras se rapprochent du corps. Serrez fort et refaites un tour d'aiguille et serrez fort une dernière fois. Le montage des jambes se fait de la même façon.

Pour terminer, passez les bouts des fils par les bras et rentrez les dans le corps.
Veillez à ce que les bras puissent bouger et coupez les bouts des fils des deux côtés.

Je ne sais pas si cette méthode a déjà été utilisée mais en tout cas elle fonctionne très bien pour moi. Si on fixe les bras à l'aide d'un bouton entre le corps et les bras il y a le risque que le bras se relâche avec le temps.
Pour les ours Funnie, Kai et Pulpje j'ai utilisé du fil lors du montage des membres.

Conseil pour le point de fermeture

Si vous utilisez le point de fermeture pour fermer les ouvertures de rembourrage, je vous conseille de rentrer la marge de couture le plus possible à l'aide d'une aiguille épaisse.
Ainsi vous obtiendrez une couture lisse et une plus belle finition.

Patron

Coupez toutes les pièces du patron et dessinez les sur du polyphane (pour abat-jour) Celui-ci se conserve très longtemps, on peut le trouver dans les magasins de bricolage ou de loisirs créatifs.
Souvent je dessine le patron une deuxième fois sur du papier.
Ça me permet d'ajouter les modifications directement et de noter pourquoi elles sont faites.
Vous pouvez également reprendre un vieux patron et le réaliser avec vos compétences actuelles.
L'ours qui en résulte sera forcément très différent du patron de base.

Nederlands

Eigenlijk zijn we nu klaar met het bevestigen van de armen of benen. Want daar doen we hetzelfde.
Maar wat te doen met de restdraden? We steken door de arm en door het lichaam de draden weg.

Let er wel op dat de arm daarna MOET kunnen draaien. Als dat goed gaat knippen we de draden weg. Dit doen we ook aan de andere kant want daar hangen nog steeds de twee uiteinden.

Ik weet niet of iemand deze methode al gebruikt maar ik heb gemerkt dat het voor mij zeer goed werkt.

Want doen we hem anders, zoals met een knoop tussen de arm en lichaam, dan kan het gebeuren dat de arm of het been na verloop van tijd iets losser gaat zitten.

Bij de volgende beer heb ik bij het bevestigen gewerkt met draden (Funnie). Maar dat kunnen we ook bij Pulpje en Kai doen.

Tip voor laddersteek

Als we de laddersteek gebruiken voor het dichtnaaien van vulopeningen is het raadzaam om het vel dat in de beer moet komen nog extra naar binnen word gedrukt met een dikke naald. Dan krijgt u een gladde naad en dat ziet er nog beter uit.

Patroon

Knip alle patroondelen uit en teken ze op lampenkap plastic uit. Dit blijft het langste goed en is te koop bij iedere goede hobbyzaak.
Wat ik zelf ook doe is om hem dan nog een keer op papier uit te tekenen.
Als ik dan veranderingen maak, kan ik die er bij tekenen en er bijschrijven waarom er iets veranderd is.

Wat ook interessant is om na verloop van tijd weer eens een oud patroon te maken. U zult dan zien dat door wat u nu weet hij er weer anders gaat uit zien.

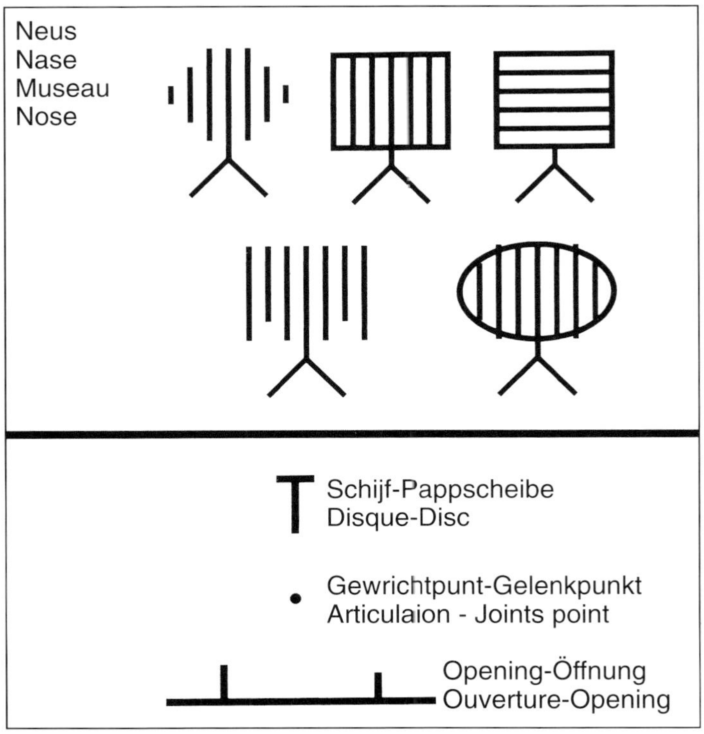

Deutsch

Die lange Nadel von außen durch den Arm/das Bein, danach durch den Leib und auf der anderen Seite wieder nach außen führen; dann durch den zweiten Arm/das zweite Bein stechen (von innen nach außen).

Etwa 2 - 3 mm neben der Austrittstelle des Fadens wieder einstechen und den gleichen Weg zurückgehen. Ist dies geschehen, dann haben Sie außen an einem der Arme/Beine zwei lose hängende Fäden und die lange Nadel mit Faden.

Dann nochmals mit der Nadel durch den ersten Einstich zurückgehen bis durch den zweiten Arm/das zweite Bein.
Jetzt hängen an jeder Seite zwei Fäden. Wenn Sie diese Fäden anziehen, werden Sie feststellen, dass die Arme/Beine eng an den Leib gezogen werden. Kräftig anziehen, nochmals mit der Nadel hin- und hergehen und die Fäden wieder gut anziehen.
Damit haben Sie Arme und Beine am Körper befestigt.

Was aber geschieht mit den lose hängenden Fäden? Sie werden durch die Arme/Beine in den Leib gezogen.
Achten Sie darauf, dass sich die Arme/Beine danach auch drehen lassen. Ist das der Fall, dann den Rest der Fäden abschneiden. An der anderen Seite ebenso verfahren, denn da hängen ja auch noch lose Fäden.

Ich weiß nicht, ob bereits jemand nach dieser Methode arbeitet, aber ich habe festgestellt, dass sie bei mir sehr gut funktioniert. Wenn Sie es nämlich anders machen, z.B. mit einem Knopf zwischen Arm/Bein und Leib, dann kann es passieren, dass die Verbindung von Arm oder Bein mit dem Körper im Laufe der Zeit etwas loser wird.
Beim folgenden Bären habe ich beim Befestigen mit Garn gearbeitet (Funny); bei Pulpje und Kai können wir das natürlich genau so machen.

Tip für den Matratzenstich:

Wenn Sie zum Schließen der Füllöffnungen den Matratzenstich anwenden empfiehlt es sich das Fell vom Nahtumschlag mit einer dicken Nadel noch extra nach innen zu drücken.
Die Naht wird dann schön glatt, und die Arbeit sieht noch besser aus.

Schnittmuster:

Alle Schnittmusterteile ausschneiden und auf Lampenschirm-Plastik aufzeichnen. So halten sich die Teile am besten. Das Material ist in jedem guten Hobbyladen erhältlich.

Ich selbst übertrage alle Teile auch noch einmal auf Papier. Wenn ich später das Schnittmuster ändere, kann ich dies auf dem Papier einzeichnen und dabei notieren, warum ich diese Änderung vorgenommen habe.

Interessant ist es auch, nach einiger Zeit wieder einmal ein altes Schnittmuster zu verwenden.
Sie werden entdecken, dass die Arbeit - nach dem was Sie inzwischen an Erfahrung gewonnen haben - dann wieder ganz anders aussieht.

Nederlands: Dollie

Deutsch: Dolly

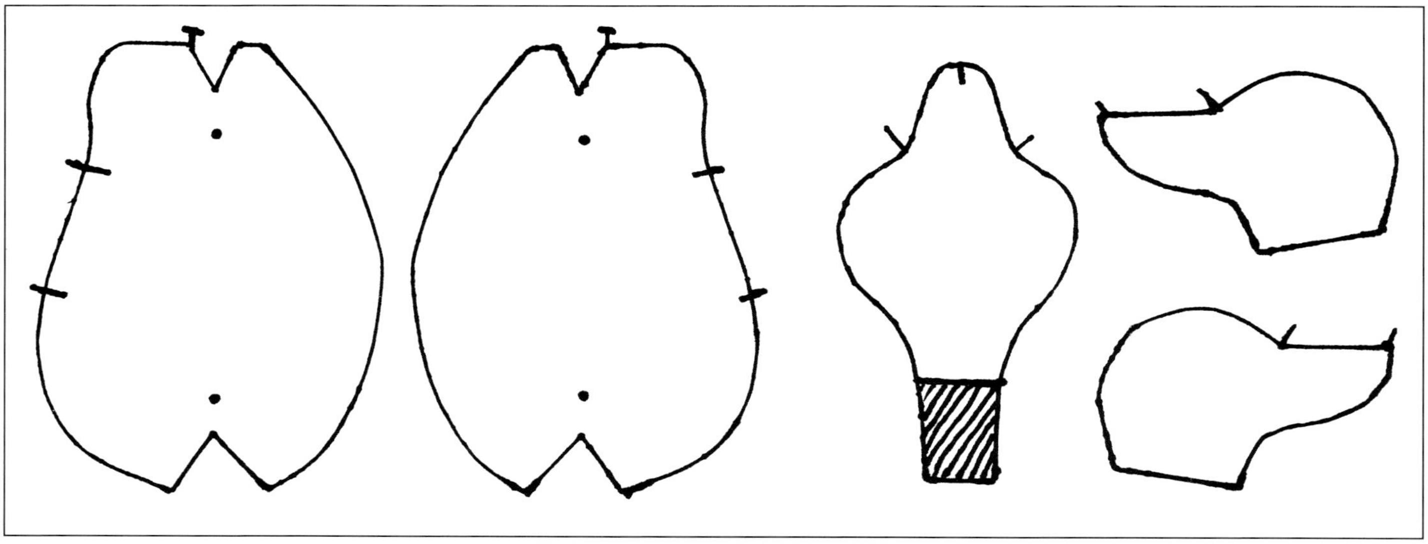

Dollie - 10 cm beer

Benodigdheden

- mohair 20 x 20 cm kleur naar wens
- voetzolen stof 3 x 3 cm in bijpassende kleur. Ik heb mohair gebruikt
- ogen 2 à 3 mm glas. Waarbij ik bij de blauwe beer matte ogen heb gebruikt
- 6 schijven van 6 mm, 4 van 9 mm en 5 splitpennen
- garen voor de neus
- vulling polyester en als we hem zacht willen vullen ook glas pellets voor in de buik. Of mineraal pellets, is nog wat kleiner
- lange dunne vilt reepjes van 5 mm breed en daar knippen we driehoekjes uit en dat rijgen we tot we een kraag hebben

Werkwijze

De kop

We beginnen met de kop te naaien. We nemen de twee kopdelen (linker- en rechter deel) en leggen ze met het mohair naar binnen op elkaar. Vervolgens gaan we naaien van de nek naar de neus.

Daar nemen we het tussenstuk (het midden is aangegeven) en naaien van de punt van de neus naar waar ongeveer de ogen komen (wat ook aan is gegeven) en gaan dan door naar achter in de nek.

We gaan nu ook dezelfde weg terug en naaien op dezelfde manier ook de andere kant en komen ook weer terug naar de neus en van de neus terug naar de nek.

Met een botte naald halen we de extra haren die naar binnen moeten komen naar binnen.
Dit doen we bij al onze patroon delen.
Dit is om te voorkomen dat er naderhand te veel haren naar buiten steken en het resultaat er niet zo fraai uit ziet.

Wat men ook kan doen is van te voren wat haar weg te knippen.
Dat doe ik bij lang mohair (Dollie rood)
De kop vullen we zoals bij tip 10 al is aangegeven.

De armen

Nu naaien we de armen en benen.

Schnittmuster Dolly

Dolly - ein 10 cm großer Bär

Material
- 20 x 20 cm Mohair
- Farbe nach eigener Wahl
- 3 x 3 cm Stoff für Fußsohlen in entsprechendem Farbton (ich habe Mohair genommen)
- Glasaugen 2 - 3 mm Ø; für den blauen Bären habe ich matte Augen genommen
- 6 Gelenkscheiben von 6 mm
- 4 Gelenkscheiben von 9 mm, 5 Splinte
- Stickgarn für die Nase
- Polyester Füllmaterial; bei 'weicher' Füllung auch Glasgranulat für den Bauch; oder Mineralgranulat, das ist noch feiner
- 5 mm breite lange, schmale Filzstreifen, aus denen wir kleine Dreiecke schneiden; diese Dreiecke auf einen Faden ziehen bis wir einen (bunten) Kragen haben

Arbeitsanleitung

Der Kopf

Begonnen wird mit dem Nähen des Kopfes.
Beide Seitenteile (linkes und rechtes) mit der Mohairseite aufeinanderlegen.
Vom Nacken zur Nase hin nähen.

Danach das Zwischenstück einsetzen.
Die Mitte ist markiert: von der Nasenspitze aus bis etwa zur Augenhöhe hin (Ansatzpunkt ist angegeben), und dann weiter bis in den Nacken nähen.Auf gleichem Wege zurückgehen.

Die andere Seite auf gleiche Weise nähen und so wieder zurück zur Nase kommen; von der Nase wieder nach hinten bis in den Nacken.

Mit einer stumpfen Nadel die eingeklemmten Haare, die nach innen gehören aus der Naht nach oben holen: dies gilt für alle Teile des Schnittmusters; auf diese Weise wird verhindert, dass später zu viele Haare nach außen zeigen und die Arbeit dadurch nicht so

Softy

Kai

Green Leave

Silly Jack

Softy

Kai

Green Leave

Funny

Dolly Beren

Pulpje

Funny

Silly Jack

Dolly

Dolly

Pulpje

Hoe maak ik een miniatuurbeer

329. ISBN 90-5690-174-5

Miniaturbären machen

180. ISBN 90-5690-187-7

English: Dolly

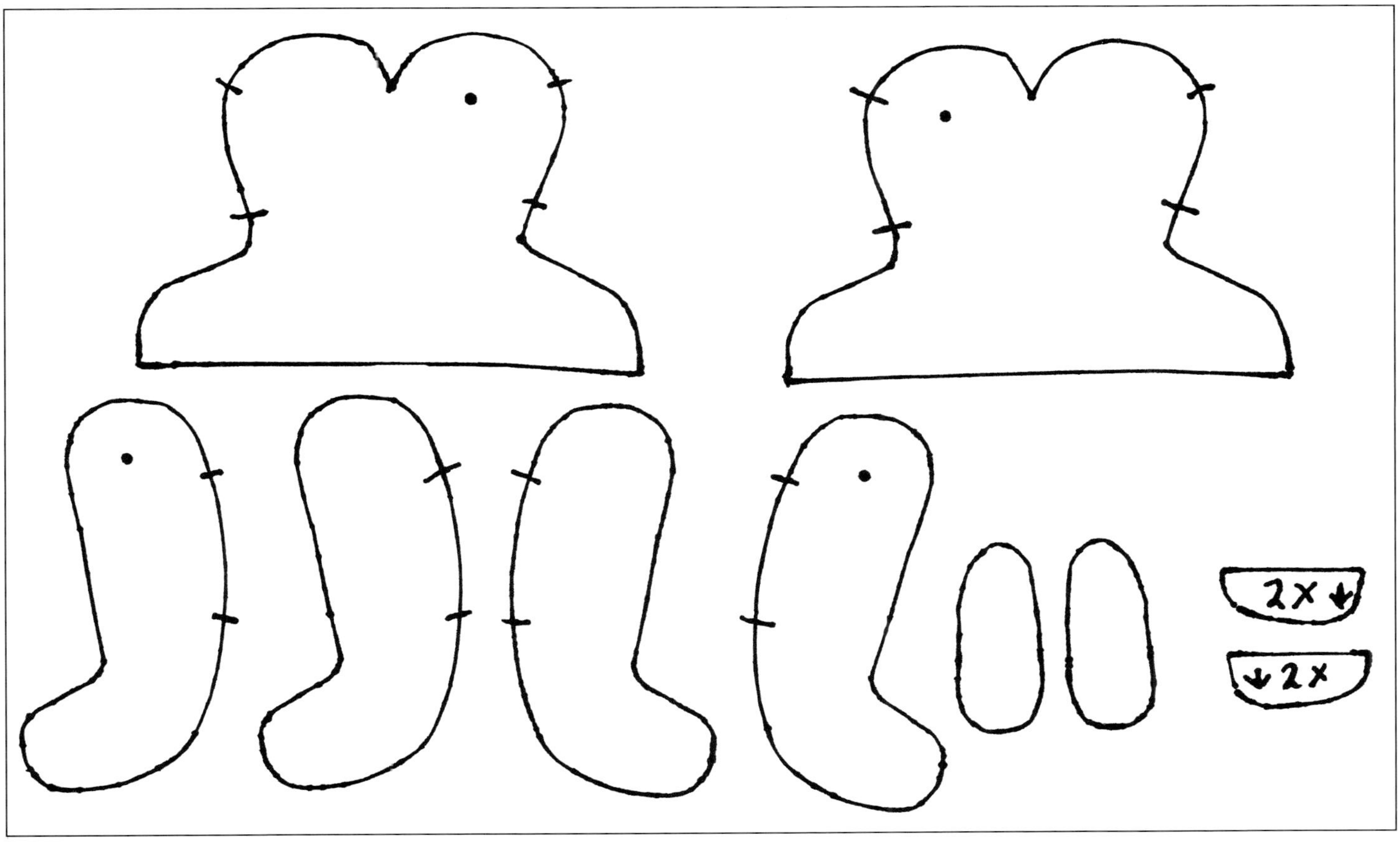

Dolly - 10 cm bear

Requirements

- Mohair, 20 cm x 20 cm in the colour of your choice
- Fabric for the soles, 3 cm x 3 cm in a matching colour (I used mohair)
- A pair of glass eyes (2 to 3 mm) (I used matte eyes for the blue bear)
- 6 x 6-mm discs, 4 x 9-mm discs and 5 cotter pins
- Yarn for the nose
- Polyester stuffing and glass pellets for the tummy if you want the bear to be soft. You can also use mineral pellets which are slightly smaller
- Long thin strips of felt 5 mm wide (We cut out triangles and gather the strips to make a ruff collar)

Method

The head

We start by sewing the head.
We take the left and right sides of the head and place the two pieces together with the mohair on the inside.

We then sew the seam from the neck to the nose.
There we take the middle section (the centre point is indicated on the pattern) and sew the seam from the tip of the nose to where the eyes will come (this is also indicated on the pattern) and then continue on to the back the neck.

We now sew back along the same seam and sew up the other side, coming back to the nose and from the nose back to the neck.
With a blunt needle we pull the hair that needs to fall on the inside to the inside.

Français: Dollie

Dollie - Ours de 10 cm

Fournitures

- Mohair 20 x 20 cm de couleur au choix
- Tissu pour le dessous des pattes 3 x 3 cm de couleur assortie
  J'ai utilisé du mohair
- Yeux en verre de 2 à 3 mm. Pour l'ours bleu, j'ai utilisé des yeux mats.
- 6 disques de 6 mm, 4 disques de 9 mm et 5 goupilles
- Fil à broder pour le museau
- Garnissage en polyester, ou granulés en verre pour un rembourrage souple du ventre
- Des rubans fins de feutrine de 5 mm de largeur qu'on découpe en triangles pour faire une collerette.

Explications générales de la couture

La Tête

On commence la couture par la tête.
Placez les côtés latéraux de la tête (droite et gauche) endroit contre endroit (le côté du mohair vers l'intérieur).

Cousez en partant du cou vers le museau.
Insérez la partie du milieu de la tête (le milieu est indiqué) entre les deux côtés latéraux, en partant du museau jusqu'à l'emplacement des yeux (ceci est indiqué) puis continuez jusqu'à l'arrière de la nuque.

Faites la même chose dans le sens opposé pour coudre l'autre côté de la tête.
Cousez le nez puis continuez jusqu'à l'arrière de la nuque.

Nederlands: Dollie

Let op de aangegeven openingen. Het beste kan men de arm vanaf de onderkant van de opening rondom naaien en de restdraad er aan laten hangen. Deze kunnen we later nog gebruiken om de arm mee dicht te naaien.

De benen

De beendelen klappen we naar elkaar toe.
Deze naaien we ook weer vanaf de onderkant van de vulopening naar de neus van de voet.

Daarna nemen we de voetzool en naaien die rondom vast en gaan nu met de rest draad terug en knippen de rest draad af.
We nemen nog een draad en naaien vanaf de heup naar de vulopening en laten de draad er weer aanzitten.

Het Lichaam

Neem nu de twee lichaamsdelen en leg ze met het mohair op elkaar.

Naai vanaf de onderkant van de vulopening rondom naar de bovenkant van de vulopening en weer terug.
Dit alles ter versteviging van het lichaam.

Oren

Nu naaien we de oor-delen 1 op elkaar met weer het mohair naar binnen.
We naaien van de punt van het oor in de richting van de pijl naar de andere kant en laten de restdraad er aan hangen.
Doe dit ook met de andere oor.

Nu is alles genaaid en draaien we alles om.
Het hoofd is al bijna klaar, maar het mist nog zijn oren.

We nemen het oor en naaien hem dicht met een laddersteek **tekening 1a** en komen er dan aan de andere kant uit. Dat is ook de bovenkant van zijn oor.

Nu gaan we kijken waar zijn oor moet komen.
Dat kunnen we doen met kopspelden om zo uit vinden wat het beste is.
Ik doe dat op gevoel.

Ik naai met een klein steekje het puntje van het oor vast en steek mijn naald onder de stof van de hoofd en kom er iets onder weer uit en naai nu het andere punt vast.

Als dit me bevalt ga ik terug naar het eerste punt en naai dan het oor met een laddersteek **tekening 1b** vast.

De restdraad steek ik door het hoofd weg en knip de rest af. Dit doe ik ook met het andere oor.

Nu nemen we een dubbele draad en rijgen deze rond de opening van de nek.
Voordat we deze draad aantrekken nemen we eerst de kleine schijf en splitpen deze leggen we in de nek en trekken ze vervolgens aan.

De schijf met splitpen is nu in de nek verdwenen. Als we met een extra lang tussenstuk werken knippen we die af.

We gaan nog een paar keer rond de nek en trekken steeds weer aan.
Als het goed vast zit steken we de restdraad weg door de kop en knippen de rest af.

We steken de splitpen met het hoofd er aan vast door

Deutsch: Dolly

schön gleichmäßig aussieht. Was man auch tun kann: vor dem Nähen am Rande der Teile entlang die Haare etwas stutzen.
Das mache ich bei langem Mohair so (z.B. bei der 'roten Dolly').
Den Kopf füllen wie bei Tip 10 beschrieben.

Die Arme

Als nächstes werden Arme und Beine genäht.
Dabei die angegebenen Öffnungen berücksichtigen.
Am besten nähen Sie den Arm vom unteren Rand der Öffnung aus rundherum und lassen den restlichen Faden hängen.
Damit können Sie später die Öffnung schließen.

Die Beine

Die Beinteile aufeinander falten und von der Füllöffnung aus bis zur Fußspitze nähen.
Die Fußsohle einpassen und rundherum festnähen.
Danach mit dem Fadenrest zurückgehen und abheften.

Mit einem anderen Faden von der Hüfte bis zur Füllöffnung nähen. Den Faden wieder hängen lassen.

Der Leib

Die beiden Leibteile mit den Mohairseiten aufeinanderlegen.
Vom unteren Rand der Füllöffnung aus rundherum - zum oberen Rand der Füllöffnung und wieder zurück - nähen. Dies alles zur Festigung des Körpers.

Die Ohren

Die Ohrenteile 1 - mit der Mohairseite nach innen - zusammennähen.

Von der Ecke des Ohrs aus in Pfeilrichtung zur anderen Seite hin nähen; den Rest des Fadens hängen lassen.
Das andere Ohr auf die gleiche Weise nähen.

Wenn alle Teile genäht sind, die Arbeiten wenden.

Der Kopf ist bereits so gut wie fertig, ihm fehlen nur noch die Ohren.
Die Ohren mit dem Matratzenstich schließen **Zeichnung 1a** und auf der anderen Seite wieder herauskommen.
Das ist auch die Oberseite des Ohrs.

Dann bestimmen Sie die Ansatzstelle für die Ohren.
Mit Glaskopf-Stecknadeln können Sie ausprobieren, an welcher Stelle Ihnen die Ohren am besten gefallen.
Ich mache das 'nach Gefühl'.

Mit einem kleinen Stich hefte ich eine Ecke des Ohrs an den Kopf, schiebe die Nadel unter dem Stoff des Kopfes bis zur anderen Ecke des Ohrs durch und hefte diese fest.

Gefällt mir die Ohrenstellung, dann gehe ich zum Ausgangspunkt zurück und nähe das Ohr mit Matratzenstich an **s. Zeichnung 1b**.

Den Rest des Fadens ziehe ich durch den Kopf weg und schneide das Ende ab.
So arbeite ich auch das andere Ohr.

Rund um die Halsöffnung einen doppelten Faden reihen. Vor dem Anziehen des Fadens zunächst die kleine Scheibe mit Splint in die Halsöffnung schieben und dann die Öffnung zuziehen.

English: Dolly

We do this with every seam to prevent too much hair sticking out through the seam, which can spoil the result.

You can also cut off some of the hair before you sew the seam.

I do that when I'm working with long mohair (red Dolly). Then stuff the head and sculpt it as described in tip 10.

The arms

Now we sew the arms and legs.
The openings are indicated on the pattern. It is best to sew the edges of the arm together from the bottom of the opening, leaving the remaining thread hanging. We can then use this later to sew up the seam.

The legs

We fold the leg pieces together.
We sew the seam from the bottom of the stuffing opening to the tip of the foot.

Then we take the sole and sew it tight all the way around.

Then with the rest of the thread we sew back along the seam and cut the rest of the thread off.

We then take another piece of thread and sew from the hip to the top of the stuffing opening and leave the thread hanging.

The body

Now we take the two sections of the body and place them together with the mohair on the inside.

Sew from the bottom of the stuffing opening around to the top of the stuffing opening and back again. This will strengthen the seams.

The ears

Now we sew the two pieces of the ear together with the mohair on the inside.

Working in the direction of the arrow, we sew from the tip of the ear to the other side, leaving the remaining thread hanging.
Do the same thing with the other ear.

Now we have sewn all of the seams we turn everything inside out.
The head is almost finished - we just have to sew on the ears.

We take the ear and, using the thread that we left hanging, we sew the ear closed with ladder stitch **figure 1a**, ending up at the top of the ear.

Now we decide where we want the ear. We can try out different positions with round-headed pins.

Using a tiny stitch I tack the tip of the ear in place.
Then I insert the needle under the fabric of the head and come out a little bit lower and tack the other tip in place.

If I am happy with the ear like this, I go back to the first point and sew the ear onto the head using ladder stitch **figure 1b**.

I stick the remaining thread through the head and cut the rest off.
Then I do the same thing with the other ear.

Français: Dollie

Rentrez les poils qui dépassent vers l'intérieur à l'aide d'une aiguille émoussée.

Je vous conseille de le faire pour toutes les pièces du patron.
Une fois l'ours retourné, ça vous évitera d'avoir trop de poils coincés dans les coutures.

Une autre possibilité est de couper les poils à l'avance, surtout pour du mohair à longs poils. (Dollie rouge).

Pour le rembourrage de la tête suivez les conseils n°.10.

Les Bras

Cousez ensuite les bras et les jambes. Faites attention aux ouvertures.

Je vous conseille de coudre le bras en commençant en dessous de l'ouverture et de laisser le reste du fil en attente.
Il peut nous être utile au moment de fermer le bras.

Les Jambes

Pliez les parties des jambes en deux et cousez les en commençant en dessous de l'ouverture jusqu'à la pointe des pieds.

Insérez les dessous des pattes et cousez les sur les pieds. Arrêtez le fil et coupez le reste.
Prenez un nouveau fil et cousez en partant de la hanche jusqu'à l'ouverture de rembourrage. Laissez le reste du fil en attente.

Le Corps

Posez les deux parties du corps l'une sur l'autre, endroit contre endroit.

Cousez en partant du dessous de l'ouverture jusqu'au-dessus de l'ouverture puis repartez dans le sens inverse.
Ainsi vous renforcez les coutures du corps.

Les Oreilles

Cousez les parties des oreilles endroit contre endroit, en faisant coïncider les no. 1.

Partez dans la pointe de l'oreille en suivant la flèche jusqu'au côté opposé.
Laissez le reste du fil en attente. Faites la même chose avec la deuxième oreille.

Maintenant que toutes les coutures sont terminées, vous pouvez retourner toutes les pièces de l'ours.

La tête est presque finie, il manque juste les oreilles.
Fermez les oreilles avec le point de fermeture indiqué par la **fig. 1a**.

Sortez l'aiguille par le dessus de l'oreille.

Déterminez ensuite l'emplacement des oreilles.
Vous pouvez utiliser des épingles, mais ce n'est pas indispensable.

Personnellement je les fixe au feeling. J'attache l'oreille provisoirement avec deux petits points de coutures et si le résultat me plaît, je ramène mon fil au premier point de couture pour fixer l'oreille correctement avec le point de fermeture indiqué par la **fig. 1b**.

Rentrez le reste du fil dans la tête puis coupez les bouts. Faites la même chose pour fixer la deuxième oreille.

Nederlands: Dollie

het lichaam op de aangegeven plaats en plaatsen dan weer een kleine schijf over de splitpen.
Vervolgens draaien we de splitpen op als een slak.

Nu nemen we de armen en benen en plaatsen de schijven met splitpen op de aangegeven plaatsen.

Zo hebben we nu een linker- en rechterarm en been. Deze vullen we zoals we willen. Zacht als we een knuffel gaan maken, hard als hij er stoer moet uitzien. En als hij moet staan met mineraal pellets.

Als we dit gevuld hebben naaien we de vulopeningen dicht met de laddersteek **tekening 1a**.

Nu zetten we de arm op de aangegeven plaats op het lichaam en doen er weer een schijf over en draaien het weer op als een slak en dat doen we met de andere delen ook zo.

Ik werk zelf niet zo, ik leg de linker arm op de rechter kant van het lichamen kijk waar me dat het best bevalt en dan steek ik van de andere kant een dikke naald door beide lichaamsdelen en dat is altijd goed gelukt.

Denk er ook aan dat de armen niet te hoog komen. We werken met kragen, de beer moet nog kunnen ademen.

Nu vullen we het lichaam zoals gewenst is en naaien we de vulopening dicht met de zelfde matrassteek.

Daarna vernaaien we de rest van de draad door het lichaam.

Ik neem voor de rug altijd een dubbele draad zodat ik dan meer kracht kan geven.

Nu is de Dollie bijna klaar, maar hij moet nog een neus en mond krijgen.

Hier geldt ook weer, laat uw fantasie haar gang gaan. En zoals u kan zien hebben mijn beide Dollie's een andere neus, dus ga uw gang.

Is hij nu klaar?

Nee, nog niet, want we moeten hem nog helemaal borstelen.
Alle naden moeten uitgeborsteld worden en als dat klaar is, doen we de kraag om en dan is Dollie klaar!

Deutsch: Dolly

Scheibe und Splint sind jetzt im Hals verschwunden. Wurde mit einem extra langen Zwischenteil gearbeitet, dann den überschüssigen Stoff jetzt abschneiden.

Den Faden noch ein paarmal um die Halsöffnung reihen und immer wieder anziehen.
Wenn alles gut festsitzt den restlichen Faden durch den Kopf wegstecken und abschneiden.

Den Kopf mit dem Splint daran an der entsprechend markierten Stelle an den Leib stecken.

Eine kleine Scheibe über den Splint schieben. Danach den Splint spiralförmig aufrollen.

An den angegebenen Stellen die Scheiben und Splinte von Armen und Beinen anbringen.

Sie haben jetzt einen linken und einen rechten Arm, ein linkes und ein rechtes Bein.

Arme und Beine wunschgemäß füllen - weich, wenn Sie ein Schmusetier nähen, prall wenn es ein strammer kleiner Bär werden, und mit (Mineral-)Granulat, wenn er stehen soll.

Nach dem Füllen die Füllöffnungen mit Matratzenstich schließen **Zeichnung 1 a**.

Die Splinte der Arme jeweils laut Markierung in den Leib führen, eine Scheibe darüber schieben und die Splinte spiralförmig aufrollen. Die Beine werden entsprechend angesetzt.

Ich selbst mache es allerdings anders: ich lege den linken Arm auf die rechte Seite des Leibes um festzustellen, an welcher Stelle mir der Arm am besten gefällt.

Dann steche ich von der anderen Seite her eine lange Nadel durch beide Körperteile, und das ist immer gut gelungen.

Denken Sie auch daran, dass die Arme nicht zu hoch am Leib sitzen; wir arbeiten mit Kragen, und der Bär muß ja auch noch 'Luft bekommen'.

Den Leib je nach Wunsch prall oder weich füllen und die Füllöffnung mit Matratzenstich schließen. Vernähen, überschüssigen Faden durch den Leib wegstecken und den Rest abschneiden.

Für den Rücken verwende ich immer einen doppelten Faden, sodaß ich die Naht kräftiger zusammenziehen kann.

Nase und Mund sticken

Jetzt ist Dolly beinahe fertig, bis auf Nase und Mund.
Auch hier gilt wieder: jedem Tierchen seine eigene Nase. Lassen Sie Ihre Phantasie spielen.

Wie Sie sehen, haben meine beiden Dollys ganz verschiedene Nasen - also tun Sie sich keinen Zwang an!

War es das? Nein, noch nicht ganz; erst wenn alle Nähte und das Fell schön ausgebürstet sind - dann ist Dolly wirklich fertig!

English: Dolly

Now we tack around the neck opening using a double thread.

Before we pull the thread tight, we take a small disc and a cotter pin and place it inside the neck. Then we pull the thread tight.

The disc will disappear inside the neck.
If we have been working with an extra long middle section we can now cut it off.

We go around the neck another few times keeping the thread pulled tight.

Once we are happy that the base of the head is secure, we stick the remaining thread through the head and cut the rest off.

We insert the cotter pin that is attached to the head into the body where marked and place a small disc over the cotter pin.
Then we curl up the two ends of the cotter pin.

Now we take the arms and legs and place the discs and cotter pins as marked. We now have a left arm and a right arm and a left leg and a right leg.

We stuff the limbs to create the desired effect - soft if we want a cuddly toy, or more firmly to make the bear solid. If you want the bear to stand up use mineral pellets.
Once we have stuffed the limbs we sew up the stuffing openings using ladder stitch **figure 1a**.

Now we place the arm on the body where marked and place a disc over the cotter pin and again roll up the two ends of the pin.

Do the same thing with the other limbs. You can also attach the arms with thread as described above.

Make sure that the arms are not too high.
We are also going to give the bear a collar. The bear needs to be able to breathe.

Now stuff the body so that it is as soft or firm as you want, and sew up the stuffing opening using mattress stitch.

Stick the remaining thread through the body and cut the ends off.

I always use double thread when sewing up the back to make the seam stronger.

Now Dolly is almost finished. We just have to give him a nose and a mouth.

Here again you can let your imagination run away with you.
As you can see, I have given each Dolly a different nose. So feel free to experiment.

Is he finished yet?
Not quite.
First we need to brush him all over.
All of the seams need to be brushed out. Once we have done that, we can attach the collar.

Now he's finished!

Français: Dollie

Préparez une aiguille avec un double fil. Surfilez le fil dans l'ouverture du cou.

Avant de serrer le fil vous insérez un petit disque avec goupille dans le cou.

Serrez ensuite le fil pour que le disque et la goupille disparaissent dans le cou. Coupez le surplus de tissu s'il vous en reste.

Surfilez deux tours supplémentaires autour du cou et serrez le fil à chaque fois.
Pour finir vous rentrez le fil dans la tête et coupez le reste.

Insérez la goupille qui est fixée sur la tête dans le corps à l'endroit indiqué et glissez un deuxième disque sur la goupille.
Enroulez la goupille en spirale bien serrée.

Insérez les disques avec les goupilles dans les bras et les jambes aux endroits indiqués.

Rembourrez les quatre membres selon l'effet souhaité; souple si vous faites une peluche et dur si vous voulez un ours robuste.

Pour que l'ours tienne debout utilisez des granulés en plastic ou des billes d'acier.

Fermez les ouvertures de rembourrage avec le point de fermeture indiqué par la **figure 1a**.

Posez le bras sur l'endroit indiqué sur le corps, faites glisser un disque sur la goupille et enroulez la goupille en spirale.
Faites la même chose avec les autres membres.

Personnellement j'utilise une autre méthode: je pose le bras gauche sur le côté droit du corps, vérifie si l'emplacement est bon puis de l'autre côté, je fais passer une aiguille épaisse à travers des deux parties du corps.

Cette technique a toujours bien marché.
Veillez à ce que les bras ne soient pas placés trop haut. Il faut garder de l'espace pour la collerette, et l'ours doit pouvoir respirer.

Ensuite vous rembourrez le corps selon votre goût et fermez l'ouverture de rembourrage avec le point de fermeture.

Faites passer le reste du fil dans le corps. Pour le dos, j'utilise un double fil à fin de renforcer le tout.

Dollie est presque terminé, ils manquent juste le museau et la bouche.
Encore une fois:
laissez libre cours à votre imagination.

Comme vous le voyez, mes Dollies ont tous les deux un museau différent, alors c'est à vous maintenant!

En touche finale, vous peignez l'ours de tous les côtés.

Il faut enlever tous les poils qui se sont coincés dans les coutures.

Il vous reste qu'à fixer la collerette autour du cou et le voilà: Dollie est terminé!

Nederlands: Funnie

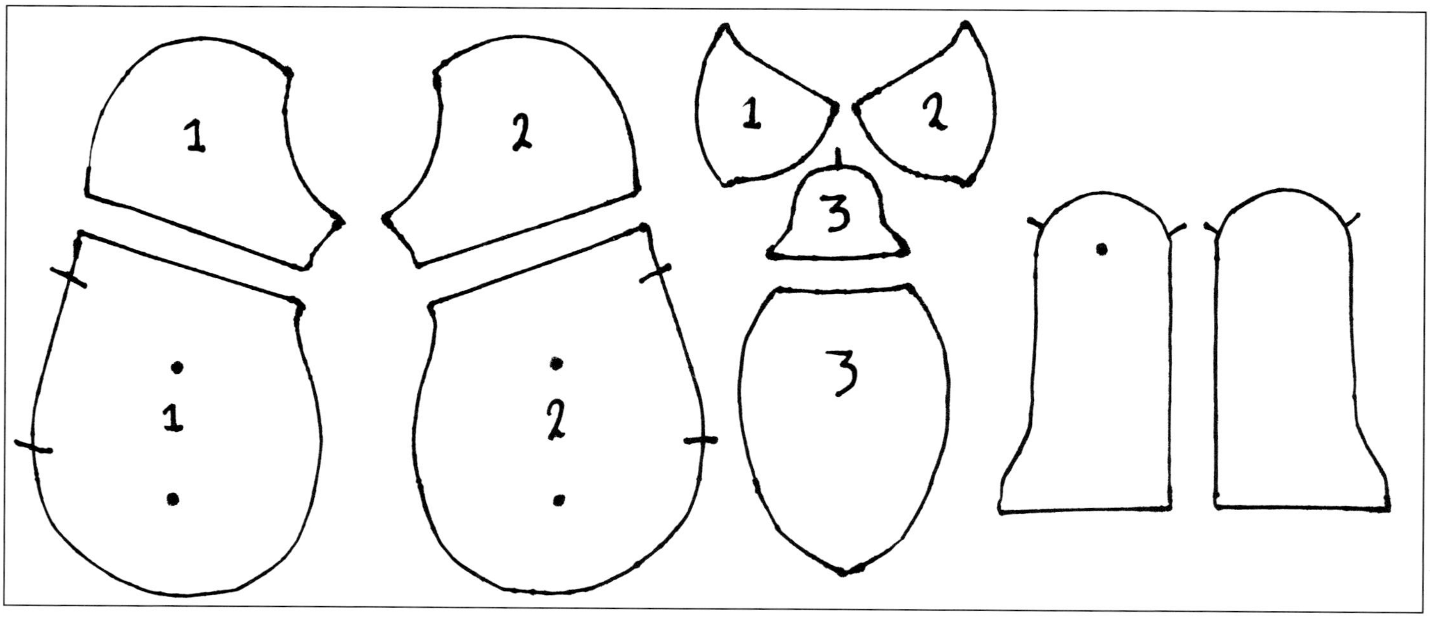

Funnie - 10 cm beer.

Benodigdheden

- mohair 20 x 15 cm
- ogen 4 mm glas
- 4 x 6 mm schijven met 2 splitpennen
- neusgaren
- vulling naar wens, maar hoofd natuurlijk met polyfulling
- tulle voor kraag 1x20 cm in twee kleuren naar wens
- drie belletjes voor op de buik

Funnie is al wat moeilijker. Daar naaien we lichaam nummer 1 en hoofd deel nummer 1 aan elkaar. Van achteren naar voren en terug. De restdraad knippen we weg.

Op het patroon liggen ze al boven elkaar om het makkelijk te maken. Dat doen we bij beide kanten. Dan naaien we het neusdeel er aan. Ook aangegeven met 1 en 2.

Nu zijn de hoofd-, neus- en lichaamsdelen aan elkaar genaaid.

Dat doen we natuurlijk ook bij de ander kant.

Dan naaien we van het tussenstuk neus aan het tussenstuk achterhoofd aangegeven met de nummers 3.

Hierna naaien we de lichaamsdelen van onder in de rug naar voren richting buik en neus. Daar aangekomen pakken we het tussenstuk en naaien dat ertussen.

Denk eraan dat het tussenstuk moet eindigen bij de achterkop en niet lager. Want dat heeft een andere kleur.

In de nek aangekomen gaan we terug naar de andere kant. Naai alles twee keer. Dit is ter versteviging van de beer.

De armen naaien we zoals bij Dollie maar nu de vulopening aan de bovenkant van de armen en benen.

De oren en staart naaien we zoals bij Dollie. De staart kan gelijk na omdraaien gevuld worden en dichtgenaaid worden met een ladder steek.

Deutsch: Funny

Funny - ein Bär von 10 cm

Material

- 20 x 15 cm Mohair
- Glasaugen von 4 mm Ø
- 4 Gelenkscheiben von 6 mm Ø mit 2 Splinten
- Stickgarn für die Nase
- Füllmaterial nach Wunsch, für den Kopf jedoch Polyester-Füllung
- 1 x 20 cm Tüll für den Kragen (in zwei Farben, wenn gewünscht)
- 3 kleine Schellen für den Bauch

Arbeitsanleitung

Funny ist schon ein bisschen schwieriger.

Leib-Teil Nummer 1 und Kopf-Teil Nummer 1 (um es einfacher zu machen, sind sie auf dem Schnittmusterbogen bereits übereinander gezeichnet) werden zusammengenäht, und zwar von hinten nach vorn und wieder zurück.

Den Fadenrest abschneiden. Die andere Seite genauso arbeiten. Dann wird das Nasenteil angesetzt (ebenfalls mit 1 und 2 gekennzeichnet).

Somit haben wir Kopf-, Nasen- und Leibteil zusammengenäht. Die andere Seite auf die gleiche Weise nähen.

Danach das Zwischenstück für die Nase an das Zwischenstück für den Hinterkopf setzen (angegeben mit den Nummern 3).

Die Leibteile, beginnend unten am Rücken, zu Bauch und Nase hin nähen. Dort angekommen, wird das Zwischenstück eingepaßt und angenäht.

Achten Sie darauf, dass das Zwischenstück am Hinterkopf endet und nicht tiefer, denn es hat eine andere Farbe.

Vom Hinterkopf aus auf die andere Seite zurückgehen. Zur Festigung der Arbeit nähen Sie am besten alles zweimal.

Arme und Beine werden im Prinzip wie bei Dolly genäht, nur sitzt hier die Füllöffnung jeweils oben an Armen und Beinen. Auch Ohren und Schwanz wie bei Dolly arbeiten.

English: Funny / *Français: Funnie*

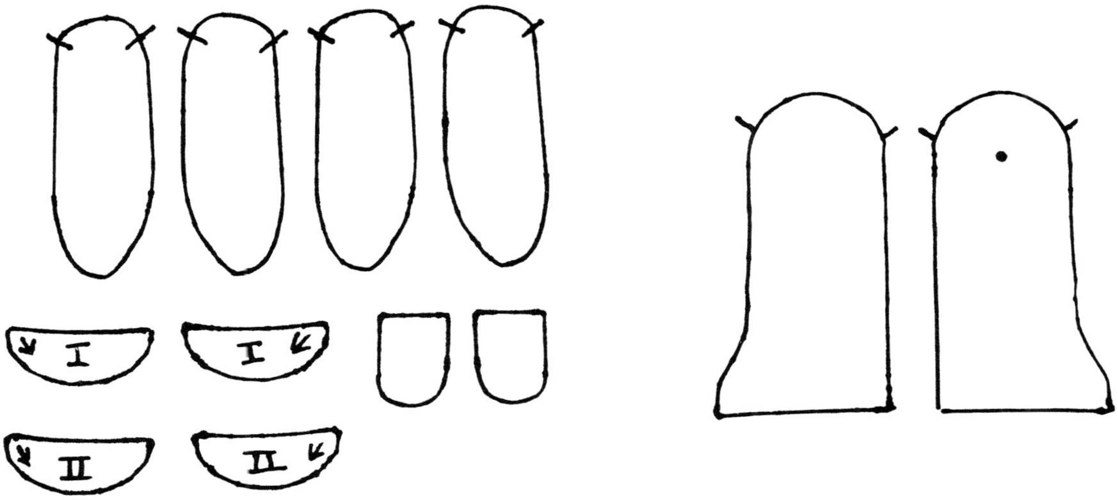

Funny - 10 cm bear.

Requirements

- Mohair, 20 cm x 15 cm
- A pair of glass eyes (4 mm)
- 4 x 6-mm discs with 2 cotter pins
- Thread for the nose
- Stuffing of your choice, but use polyester stuffing for the head
- Tulle for the collar, 1 cm x 20 cm in two colours of your choice
- Three little bells (we sew these down the bear's front)

Method

Funny is a little bit more difficult than Dolly.

This time we start by sewing body piece 1 and head piece 1 together, working from the back to the front and back again.

Cut off the remaining thread.

On the pattern these pieces are placed next to each other to make it easy.

We do this on both sides.

Then we sew on the nose piece (marked 1 and 2).

Once we have sewn the body and the head and the nose pieces together for the two sides, we sew from the middle section of nose to the middle section of the back of the head (marked with 3).

Then we sew the sections of the body together, starting at the base of the back and working up the front towards the nose.

Once we get to the nose we take the middle section and sew it in between.

Bear in mind that the middle section needs to end at the back of the head and not any lower because it is a different colour.

Once we get to the neck we go back to the other side. Sew everything twice. This will make the seams stronger.

We sew on the arms as we did for Dolly, but this time the stuffing opening is at the top of the arms and legs.

Funnie - Ours de 10 cm

Fournitures

- Mohair 20 x 15 cm
- Yeux en verre de 4 mm
- 4 disques de 6 mm et 2 goupilles
- Fil à broder pour le museau
- Matière à rembourrer au choix, garnissage en polyester pour la tête
- Tulle pour la collerette 1 x 20 cm en deux couleurs au choix
- 3 clochettes à fixer sur le ventre

Le patron de Funnie est un peu plus compliqué que le précédent.

Il faut assembler la partie du corps n°. 1 et la partie de la tête n°. 1 et les coudre ensemble.

Commencez derrière et faites un aller - retour. Coupez le reste du fil.

Pour vous faciliter cette opération j'ai dessiné les parties correspondantes superposées sur le patron.

Faites la même chose de l'autre côté (Les n°. 2).

Cousez ensuite la partie du museau sur l'ensemble de la tête et du corps.

Celle-ci est également indiquée par n°.1 et n°. 2. Les parties de la tête, du museau et du corps sont maintenant assemblées.

Faites la même chose de l'autre côté.

Cousez ensuite le milieu du museau avec le milieu de l'arrière tête, indiqué par les n°. 3.

Cousez maintenant les parties du corps en partant du bas du dos vers le ventre et le museau.

Insérez la partie du milieu et cousez celle-ci au milieu.

Veillez à ce que la partie du milieu coïncide avec l'arrière de la tête et pas plus bas car celle -ci n'a pas la même couleur que le corps.

Une fois arrivé dans le cou repartez de l'autre côté.

Cousez l'ensemble deux fois pour donner plus de solidité.

Nederlands: Funnie

Nu draaien we alles om en beginnen het hoofd te vullen.

Denk er goed aan dat we door de rugopening moeten sculpten.

Als we dat gedaan hebben en de ogen er in gezet hebben, vullen we eerst de armen en naaien die dicht.

Dan plaatsen we de schijven in de benen op de aangegeven plaats en vullen die ook en naaien ze dicht.

De benen kunnen we bevestigen op de aangegeven plaatsen op de buik.

Dan kunnen we ook de rest van het lichaam vullen.
Na dat gedaan te hebben kunnen we het dichtnaaien.
Dan hebben we bijna de tweede beer af.

Nu plaatsen we met twee kopspelden de armen aan het lichaam, dat is geheel naar eigen idee.

Wederom niet te hoog omdat hij een kraag krijgt.
De oren naaien we ook dicht en die plaatsen we waar we willen.
Nu nog een neus en mond.

Het is wel leuk om een passende kleur te vinden, vandaar mijn blauwe neus met een beetje rood.

Nu nog de staart met een laddersteek op de kont naaien.

Dan de tulle dubbel leggen, rijgen en samen trekken.
Dan om de nek doen en met een stevige knoop vastmaken. De naden uitborstelen.

Nu nog de 3 belletjes (kunnen ook knoopjes zijn) op zijn buik naaien en dan is Funnie ook klaar.

Door mineraal pellets in zijn voetjes en buik te doen kan hij beter staan. Dat geldt voor alle beren uit dit boek.

Deutsch: Funny

Der Schwanz kann sofort nach dem Kehren gefüllt und mit dem Matratzenstich zugenäht werden.

Alle Teile kehren und mit dem Stopfen des Kopfes beginnen.

Denken Sie daran, dass das Füllen durch die Öffnung im Rücken geschieht. Ist der Kopf schön modelliert, und sind die Augen eingesetzt, werden die Arme gefüllt und zugenäht.

In den Beinen an entsprechender Stelle die Gelenkscheiben anbringen, die Beine stopfen und die Füllöffnung schließen.

Die Beine laut Markierung am Leib befestigen.
Den Rest des Leibes stopfen und die Füllöffnung schließen.

Die Arme heften Sie probeweise mit zwei Stecknadeln an den Leib um - ganz nach eigenem Wunsch - die geeignetste Ansatzstelle zu bestimmen.

Auch hier nicht zu hoch, da der Bär einen Kragen bekommt.
Die Arme annähen.

Die Ohren schließen und an die gewünschte Stelle setzen

Damit ist der zweite Bär beinahe fertig, bis auf ein paar wichtige Kleinigkeiten: Nase und Mund müssen noch gestickt werden; gönnen Sie sich die Zeit die richtige Farbe auszusuchen, das macht das Ergebnis spaßiger (daher 'meine' blaue Nase mit ein wenig rot).

Der Schwanz wird mit dem Matratzenstich am Po befestigt.

Den Tüll doppelt legen, reihen und zusammenziehen.

Diese Krause um den Hals des Bärchens legen und mit einem festen Knoten schließen.
Alle Nähte ausbürsten.

Zum Schluß noch die drei kleinen Schellen (das können auch kleine Knöpfchen sein) am Bauch annähen - damit ist auch Funny fertig.

Beachte:
Wenn Füßchen und Bauch mit Mineral-Granulat gefüllt werden, kann Funny besser stehen. (Das gilt übrigens für alle hier beschriebenen Bären).

English: Funny

Sew the tail, turn it inside out and fill it with stuffing then sew the end together with ladder stitch.

We sew on the ears as we did for Dolly and we also sew on the tail in the same way.

Now we turn everything inside out and start to stuff the head.

Bear in mind that this time we have to do the sculpting through the back opening.

Once we have done that and sewn on the eyes, we stuff the arms and sew up the seams.

Then we insert the discs in the legs where marked, stuff the legs and sew up the opening.

We attach the legs to the body where marked.

Then we can stuff the rest of the body.

Once we have done that we can sew up the opening.

Now we have almost finished our second bear.

Now we pin the arms to the body using two round-headed pins.

Where you place the arms is entirely up to you.

But again don't place them too high because we are going to give the bear a collar.

Sew up the ears and place them where you want them.

Now we just need to give the bear a nose and a mouth.

It is nice to use a matching colour. I embroidered a blue rose with a little bit of red.

Sew the tail on the bear's bottom using ladder stitch. Then fold the tulle double, tack along the strip and pull the thread tight.

Wrap the little ruff collar around the neck and attach it with a firm knot.
Brush out the seams.

Now sew the three little bells down the bear's front (you can also use three little buttons if you like) and Funny is finished.

He will stand better with mineral pellets in his feet and his tummy.

That goes for all of the bears in this book.

Français: Funnie

Cousez les bras et les jambes de la même façon que Dollie mais cette fois laissez l'ouverture de rembourrage sur le dessus des bras et des jambes.

Les oreilles et la queue se cousent de la même façon que Dollie.

Rembourrez la queue directement après l'avoir retourné puis fermez la avec le point de fermeture.

Retournez l'ensemble dans le bon sens et rembourrez la tête.

Tenez compte que le "soft sculpting" se fait à travers de l'ouverture du dos.

Après avoir fixé les yeux, rembourrez d'abord les bras puis fermez les.

Insérez les disques dans les jambes à l'endroit indiqué, rembourrez les jambes puis fermez les.

Montez les jambes sur le ventre, aux endroits indiqués.

Rembourrez le reste du corps puis fermez le.

Ensuite vous montez les bras sur le corps à l'aide de deux épingles, à l'endroit de votre choix.

Faites attention de ne pas les placer trop haut, il faut garder de l'espace pour la collerette.

Fermez ensuite les oreilles et fixez les à l'endroit de votre choix.

Il ne vous reste que le museau et la bouche.

Essayez de trouver des couleurs assorties; j'ai choisi un museau bleu avec un tout petit peu de rouge.

Fixez la queue avec le point de fermeture sur le derrière.

Pliez le tulle en deux, surfilez puis serrez le fil.

Fixez la collerette autour du cou avec un double noeud.

Peignez les coutures pour enlever les poils.

Cousez les trois clochettes (ou trois boutons) sur le ventre et le voilà: Funnie est terminé.

Pour que Funnie tienne debout, rembourrez les pieds et le ventre avec des granulés en plastic ou des billes d'acier.

Ceci compte pour tous les ours de ce livre.

Nederlands: Silly Jack | *Deutsch: Silly Jack*

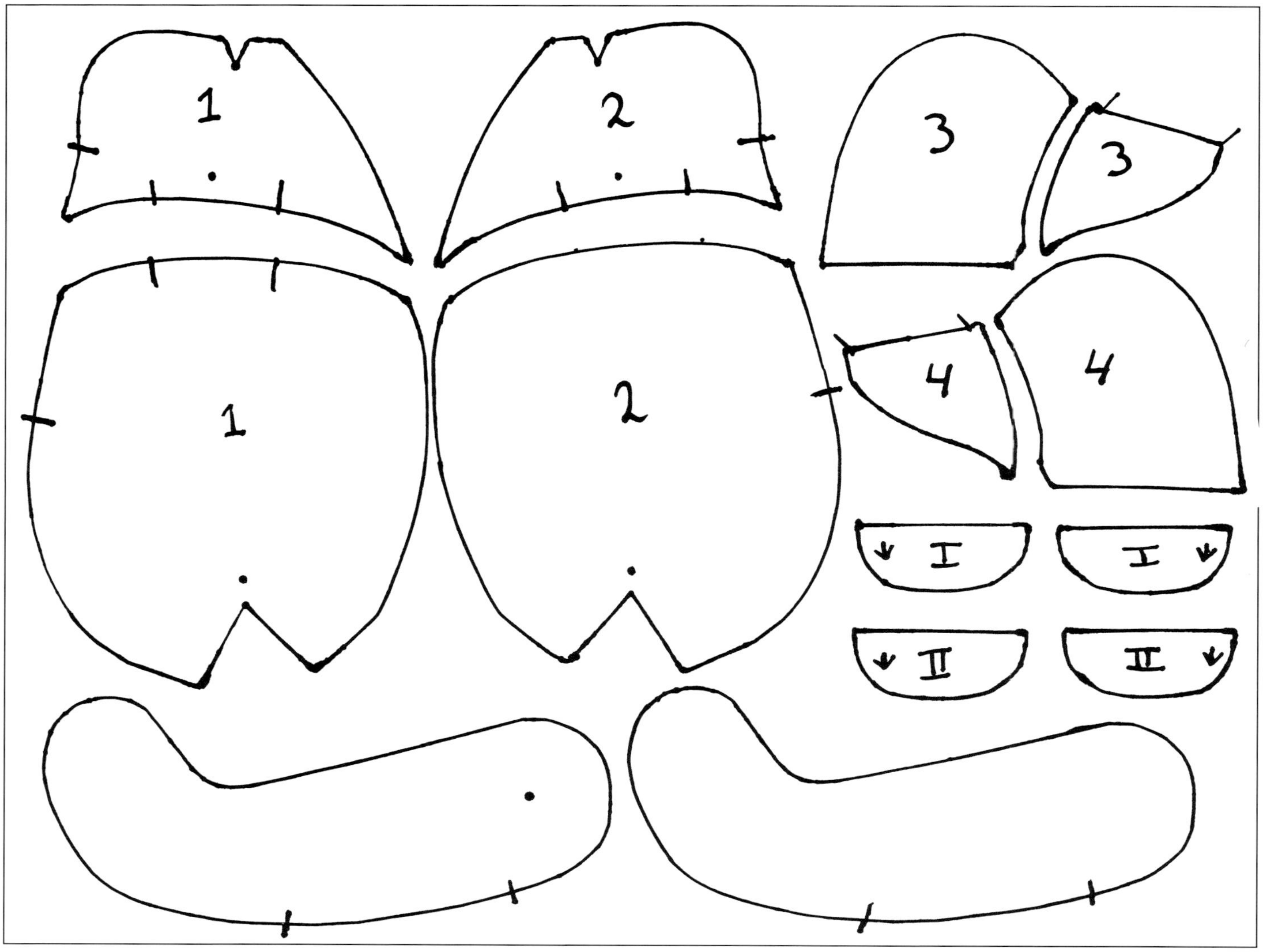

Silly Jack - 15 cm beer.

Benodigdheden

- Long pile Upholstery, 22 x 30 cm
- voetzolen 4 x 5 cm suèdine of ultra-suède in bijpassende kleur
- ogen 7 mm scheel kijkend
- 8 x 12 mm schijven, 2 x 6 mm schijven met 5 splitpennen
- vulling polyfulling en mineraal pellets
- kraag 4cm breed en een 25 cm lang lint dat we dan rijgen tot een kraag
- 4 knopen of belletjes en een driehoekje stof voor de hoed

We beginnen eerst met de lichaamsdelen 1 aan elkaar te naaien zodat we een lichaamsdeel krijgen. Dat doen we ook bij de lichaamsdelen 2.

Dan naaien we de hoofddelen 3 aan elkaar en ook de hoofddelen 4.

Dat zijn de extra delen die eerst aan elkaar moeten. Het hoofd wordt gemaakt zoals bij tip 10.

En als laatste natuurlijk ook zijn neus en mond borduren en het uitborstelen van alle naden.

De moeilijkheid is bij het lichaam dat ook daar de ronding er in komt. Vandaar de strepen op het patroon.

Silly Jack - Bär von 15 cm

Material

- 22 x 30 cm Longpile Upholstery
- Fußsohlen: 4 x 5 cm Suèdine oder Ultra-Suède in entsprechendem Farbton
- Glasaugen 7 mm Ø (schielend)
- 8 Gelenkscheiben 12 mm Ø
- 2 Gelenkscheiben 6 mm Ø
- 5 Splinte
- Polyester Füllmaterial und Mineral-Granulat
- 4 cm breites und 25 cm langes Band, das zu einem Kragen verarbeitet wird
- 4 Knöpfe oder Schellen
- ein Dreieck aus Stoff für den Hut

Als erstes nehmen wir uns die Extrateile vor: die mit '1' gekennzeichneten Leibteile werden aneinander genäht zu einem einzigen Teil.

Das gilt auch für die Leibteile '2', die Kopfteile '3', und ebenfalls die Kopfteile '4'.
Der Kopf wird wie bei Tip 10 beschrieben gearbeitet.

Zum Schluß die Nase sticken und alle Nähte ausbürsten.

Beim Leib gilt es die Rundung schön herauszuarbeiten;

English: Silly Jack

Français: Silly Jack

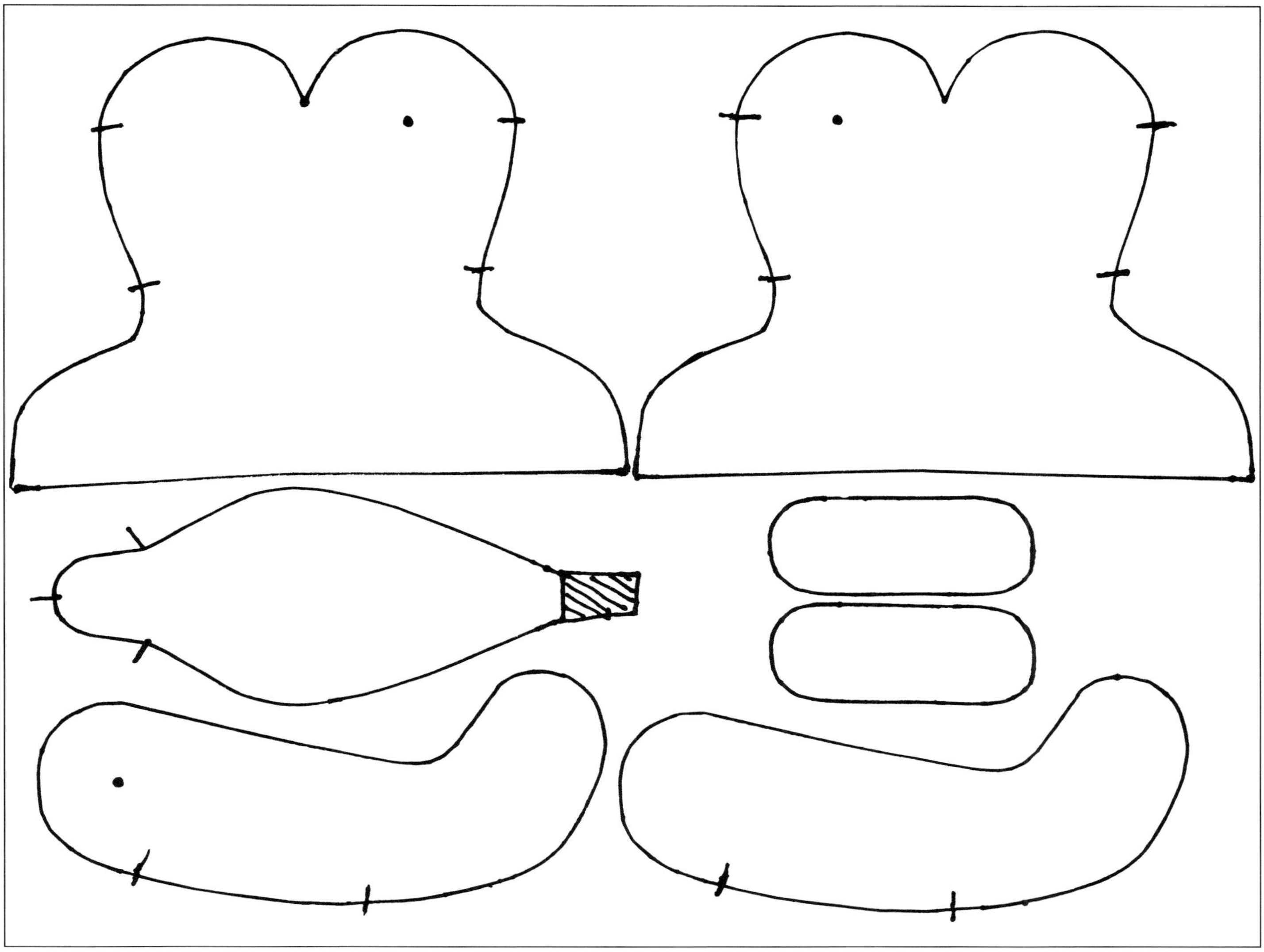

Silly Jack - 15 cm bear.

Requirements

- Long pile upholstery fabric, 22 cm x 30 cm
- Suedine or ultra-suede in a matching colour for the soles, 4 cm x 5 cm
- A pair of crossed eyes (7 mm)
- 8 x 12-mm discs, 2 x 6-mm discs with 5 cotter pins
- Polyester stuffing and mineral pellets
- Piece of ribbon, 4 cm x 25 cm, that we can gather into a collar
- 4 buttons or little bells and a triangle of fabric for the hat

Method

This time we start by sewing body pieces together.

Then we sew body pieces 2 together. Then we sew head pieces 3 together and head pieces 4 together.

These are extra pieces that have to be sewn together first. Complete the head as described in tip 10.

Embroider the nose and mouth and brush out all of the seams.

It can sometimes be difficult to make the body as round as you want it. Hence the stripes on the pattern.

Silly Jack - 15 cm.

Fournitures

- Long pile Upholstery 22 x 30 cm
- Dessous des pattes de 4 x 5 cm en suédine ou suédine-ultra d'une couleur assortie
- Yeux en verre de 7 mm, louchant légèrement
- Garnissage en polyester et granulés en plastic
- 8 disques de 12 mm et 2 disques de 6 mm et 5 goupilles
- Ruban de 4 cm de largeur et 25 cm de longueur à surfiler pour faire une collerette
- 4 boutons ou clochettes et du tissu en forme de triangle pour le chapeau

Cousez d'abord les parties du corps indiquées par les n°. 1 pour obtenir l'ensemble du corps.

Cousez ensuite les membres indiqués par les n°. 2 et les parties de la tête n°. 3 et n°. 4.

Assemblez la tête en suivant les explications du conseil n°. 10.

Terminez par broder le museau et le nez.

N'oubliez pas d'enlever les poils qui se sont coincés dans les coutures.

Ce patron est un peu plus difficile parce que le corps a plus de courbe.

Nederlands: Silly Jack

Dit kan men ook op de delen van het gezicht doen. Dit maakt het makkelijker.

De rest doen we zoals bij Beer Dollie is beschreven. Om de beer te kunnen laten staan doen we pellets in zijn voeten en buik.

De driehoek die we voor de hoed gebruiken kan zo groot zijn als de hoed van Green Leave of kleiner.

Het is maar wat je wilt, ik heb het iets kleiner gemaakt.

Ik naai de twee rechte delen aan elkaar vast en kom dan aan de onderkant uit.

Daarna op het hoofd vast naaien, vervolgens heb ik er nog een knoop aangenaaid en een paar borduurgaren franjes op de top van zijn hoed bevestigd.

Zoals gezegd de kraag rijgen en om de nek leggen en met een knoop vast maken.

Ik heb het nog een keer vast genaaid aan de onderkant omdat het een grote kraag is.

Dan nog twee knopen op de buik naaien en na het borstelen is hij klaar.

Deutsch: Silly Jack

daher die Schraffierung auf dem Schnittmuster.

Das kann man auch bei den Gesichtsteilen anwenden. Dadurch wird das Arbeiten einfacher.

Die weiteren Arbeiten werden wie bei Bär Dolly beschrieben ausgeführt. Damit der Bär stehen kann werden Füßchen und Bauch mit Granulat gefüllt.

Das Stoffdreieck für den Hut kann so groß sein wie das für den Hut von Green Leave oder aber kleiner; das hängt ganz von Ihren Wünschen ab; ich habe ein etwas kleineres Stück genommen.

Die beiden geraden Teile nähe ich zusammen und komme dann am unteren Rand heraus. Den Hut an den Kopf nähen und ihn, je nach Wunsch, verzieren mit z.B. einem Knöpfchen und/oder Fransen aus Stickgarn, wie ich es getan habe.

Den Kragen reihen, um den Nacken legen und mit einem Knoten befestigen (Anm.: ich habe ihn am unteren Rand noch einmal genäht, weil es ein großer Kragen ist).

Zum Schluß werden noch zwei Knöpfe auf den Bauch genäht und fertig ist Silly Jack!

Nederlands: Softie

Deutsch: Softy

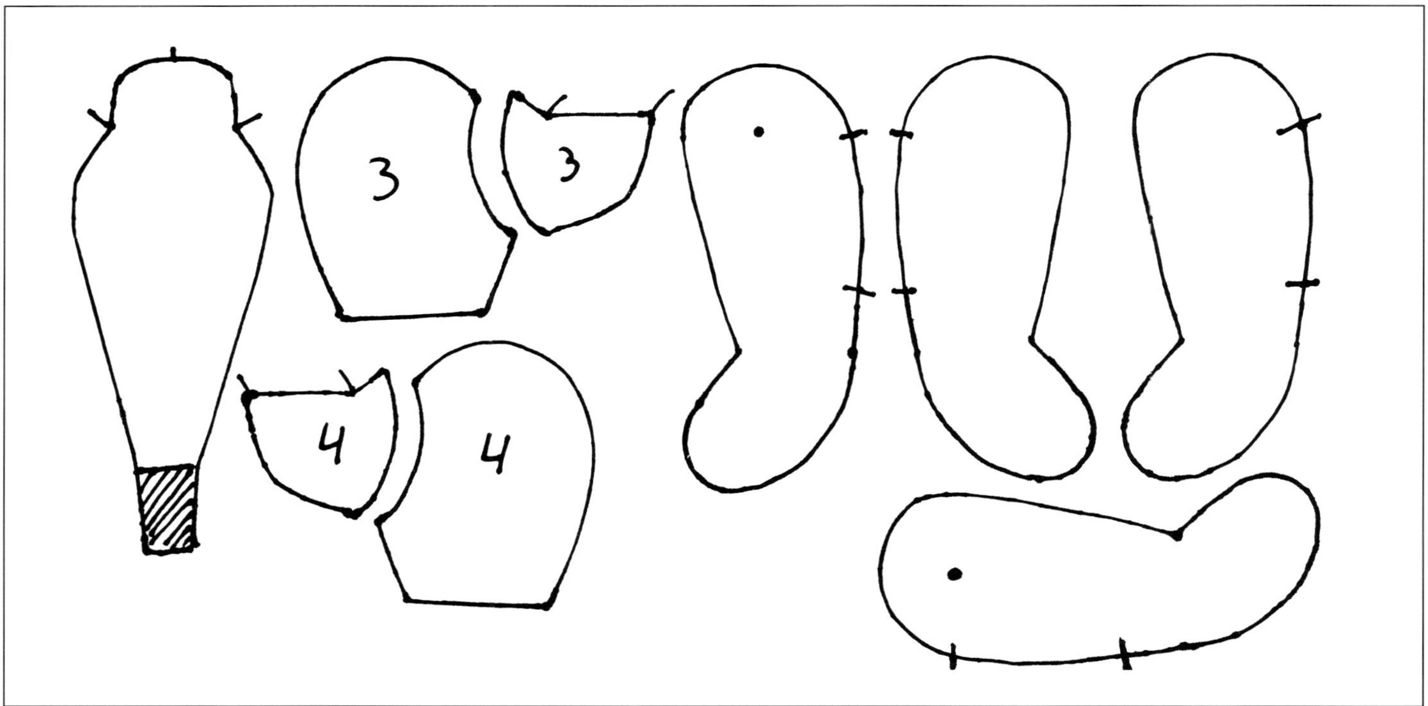

Softie - 11 cm beer

Benodigdheden

- mohair 21 X 20 cm
- ogen 5 mm zwart
- schijven 10 x 9 mm plus 5 splitpennen
- garen voor de neus
- vulling pollyfulling
- 4 knoopjes
- Tulle 2 x 20 cm in twee kleuren
- eventueel wat extra kant of tulle voor om de buik

Ook bij Softie naaien we eerst de lichaamsdelen 1

Softy - ein Bär von 11 cm

Material

- 21 x 20 cm Mohair
- schwarze Augen, 5 mm Ø
- 10 Gelenkscheiben, 9 mm Ø
- 5 Splinte
- Stickgarn für die Nase
- Polyester Füllmaterial
- 4 Knöpfe
- 2 x 20 cm Tüll in zwei Farben
- eventuell extra Spitze oder Tüll als 'Kummerbund'

English: Silly Jack

You can also do the same thing on the sections of the face. This makes it easier.

Otherwise follow the instructions for Dolly.
Put pellets in the feet and the tummy to help the bear to stand.

The triangle of fabric that we use for the hat can be the same size as the hat for Green Leaves or smaller. It's up to you.

I have made it a little bit smaller. I sew the two straight edges together coming out at the bottom.

Then I sew the hat onto the head.

I have also sewn a button and a few embroidery yarn tassels to the top of his hat.

Gather the collar, place it around the neck and attach it with a knot.

Because it is quite a large collar, I have also sewn around the bottom.

Then sew another two buttons on his front, brush out his fur and Silly Jack is finished.

Français: Silly Jack

C'est indiqué avec des traits diagonaux sur le patron.
Vous pouvez également créer plus de courbe au niveau du visage.

Les bras, et les jambes, ainsi que le rembourrage se font comme le patron de Dollie.
Pour que l'ours tienne debout, rembourrez les pattes et le ventre avec des granulés en plastic.

Le chapeau qui est cousu avec le tissu en forme de triangle peut avoir la même taille que le chapeau de Green Leave. Je l'ai fait un peu plus petit, mais ça c'est très personnel.

Cousez les deux côtés droits ensemble en finissant en dessous. Cousez le chapeau ensuite sur la tête et garnissez le chapeau avec un bouton au milieu et quelques franges de fil à broder sur le dessus.

Surfilez le ruban pour la collerette et nouez la collerette autour du cou.
Comme la collerette est assez grande, vous pouvez la fixer avec quelques points de couture.

En touche finale, cousez deux boutons sur le ventre, peignez tout le corps pour que les poils s'étendent joliment, et le voilà:
Silly Jack est fini.

English: Softy

Français: Softie

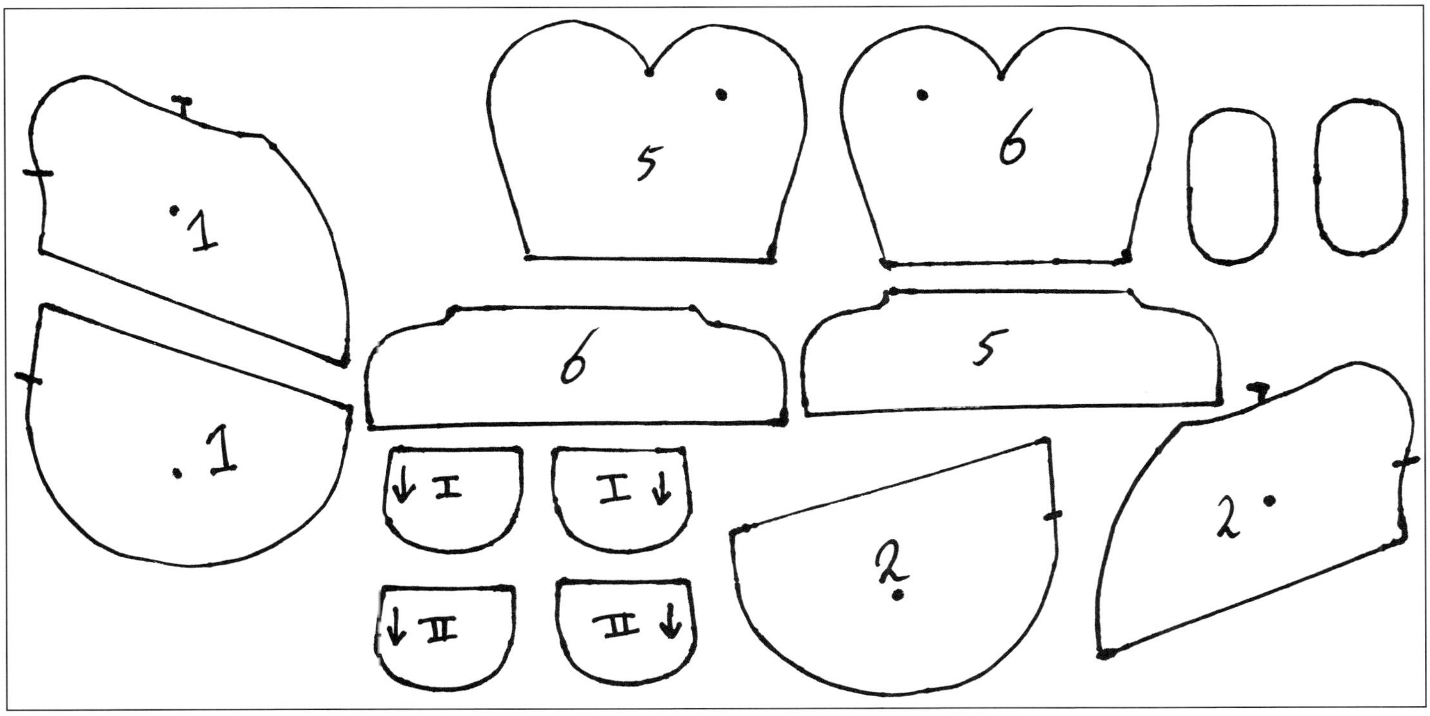

Softy - 11 cm bear

Requirements

- Mohair, 21 cm x 20 cm
- Pair of black eyes (5 mm)
- 10 x 9-mm discs plus 5 cotter pins
- Yarn for the nose
- Polyester stuffing
- 4 little buttons
- Tulle, 2 cm x 20 cm in two colours
- Possibly some extra lace or tulle for his front

Softie - Ours de 11 cm

Fournitures

- Mohair 21 x 20 cm
- Yeux noirs de 5mm
- 10 disques de 9 mm et 5 goupilles
- Garnissage en polyester
- Fil à broder pour le museau
- 4 boutons
- Tulle 2 x 20 cm en deux couleurs
- Dentelle ou tulle supplémentaire à fixer autour du ventre

Nederlands: Softie

aan elkaar en dan de nummers 2 aan elkaar, van voor naar achteren.

Dan de hoofddelen 3 aan elkaar vast en de nummers 4 aan elkaar.

Bij Softie komt er nog wat extra bij doordat we een broek in het patroon hebben.

Hier moeten we eerst de nummers 5 van zijn been en voet aan elkaar naaien en ook de nummers 6.

Softie word net zoals Dollie gemaakt.
En ook hier weer er aan denken aan het eind de naden uit te borstelen.

Dan 2 knoopjes op zijn buik naaien en twee op de overgang van voet naar been.

Deutsch: Softy

Auch bei Softy werden erst die Extrateile zusammengesetzt: die mit '1' gekennzeichneten Leibteile werden aneinander genäht, wie auch die Leibteile '2', von vorn nach hinten.

Ferner die Kopfteile '3', und Kopfteile '4 '. Da im Entwurf von Softy ein 'Höschen-Effekt' vorgesehen ist, müssen bei diesem Bären außerdem die Nummern 5 von Bein und Fuß, und auch die Nummern 6 erst zusammengesetzt werden.

Ansonsten wird Softy nach der Vorlage von Dolly gearbeitet.
Auch hier zum Schluß die Nähte ausbürsten.

Zwei Knöpfe werden auf den Bauch genäht, die anderen an die Übergangsstelle zwischen Fuß und Bein.

Nederlands: Green Leave

Deutsch: Green Leave

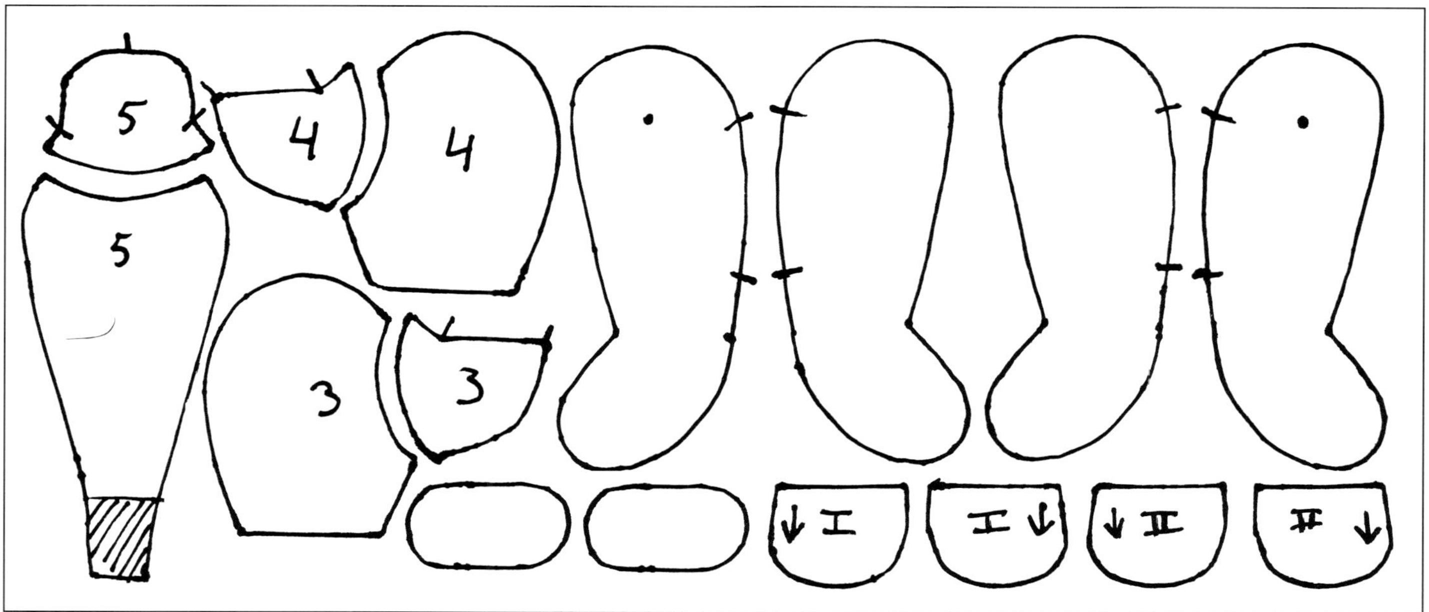

Green Leave - 11 cm (hoed niet meegerekend)

Benodigdheden

- mohair 22 X 17cm.
- voetzolenstof 3 X 4 cm
- ogen 5 mm met pupil
- schijven 10 x 9 mm plus 5 splitpennen
- neusgaren
- polyester vulling
- donker garen om veters van te maken
- 5 knoopjes
- hang belletje
- kant 2 x 20 cm lang in twee kleuren
- suèdine voor hoed 10 x 9 cm

Werkwijze

Ook bij Green Leave eerst de losse delen aan elkaar naaien.

Dus eerst de lichaamsdelen 1 aan elkaar en dan 2.
Dan gezichtsdelen 3 aan elkaar en dan 4.
En dan het middenstuk.
Waarbij ik aanraad om in het midden te beginnen.
Hierna de beer maken zoals ook weer bij Dollie is aangegeven.

Als we ook met hem klaar zijn en de naden uitgeborsteld hebben

Green Leave - ein Bär von 11 cm (ohne Hut gerechnet)

Material

- 22 x 17 cm Mohair
- 3 x 4 cm Stoff f.d. Fußsohlen
- Augen mit Pupille 5 mm Ø
- 10 Gelenkscheiben 9 mm Ø
- 5 Splinte
- Stickgarn f.d. Nase
- Polyester Füllmaterial
- dunkles Garn für die Schnürsenkel
- 5 Knöpfe
- Glöckchen mit Öse
- 2 x 20 cm Spitze in zwei Farben
- 10 x 9 cm Suèdine für den Hut

Auch bei Green Leave werden zunächst die Teilstückchen zusammengesetzt: also erst die Körperteile 1, dann die Teile 2; die Kopfteile 3, und die Teile 4.

Dann das Mittelteil; ein guter Rat hierbei: fangen Sie in der Mitte an.

Danach wird der Bär wie bei Dolly beschrieben fertig gearbeitet.

English: Softy

Method

Also when working on Softy we start by sewing body pieces 1 together.
Then we sew body pieces 2 together, working from the front to the back.

Then we sew head pieces 3 together and head pieces 4 together.

Softy involves a bit more work because the pattern also includes a pair of trousers. In this case we have to sew pieces 5 together and pieces 6.

Otherwise Softy is made in the same way as Dolly. Remember to brush the seams out once you have finished.

Then sew two little buttons on his front and another two at the point where the leg meets the foot.

Français: Softie

Pour la réalisation de Softie, vous cousez d'abord les parties du corps indiquées par les n°.1.

Cousez ensuite les membres indiqués par les n°. 2, du devant à l'arrière.

Ensuite les parties de la tête n°. 3 et n°. 4.

Le patron de Softie est un peu différent du fait qu'il porte un pantalon. Pour cela, cousez d'abord les n°. 5 et n°. 6 des jambes et des pattes.

À part ces détails, la réalisation de Softie se fait exactement comme le patron de Dollie.

Pour la finition, enlever les poils qui se sont coincés dans les coutures, cousez deux boutons sur le ventre et deux boutons au-dessus des pieds.

English: Green Leaves

Français: Green Leave

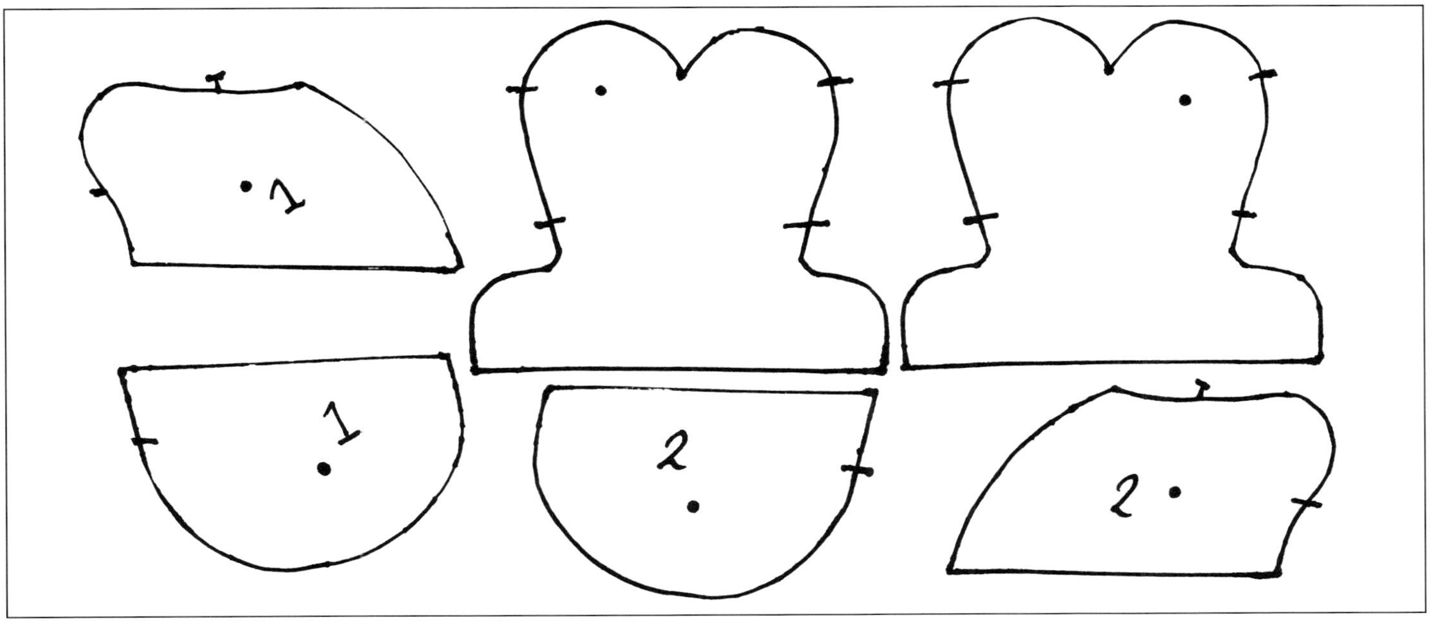

Green Leaves - 11 cm (not including the hat)

Requirements

- Mohair, 22 cm x 17 cm
- Fabric for the soles of the feet, 3 cm x 4 cm
- eyes with a pupil (5 mm)
- 10 x 9 mm discs plus 5 cotter pins
- Thread for the nose
- Polyester stuffing
- Dark yarn to make laces
- 5 little buttons
- A little bell for the hat
- Lace, 2 cm x 20 cm in two colours
- Suedine for hat, 10 cm x 9 cm

Method

Also when working on Green Leaves, start by sewing body pieces 1 together then body pieces 2 together.

Then sew pieces 3 together then pieces 4. Then sew in the middle section.
In this case I recommend that you start in the middle. Otherwise follow the instructions for Dolly.

Once we have finished making Green Leaves and brushed out the seams, we trim the hair off the tips of

Green Leave - 11 cm (sans le chapeau)

Fournitures

- Mohair 22 x 17 cm
- Tissu pour le dessous des pattes de 3 x 4 cm
- Yeux de 5 mm avec pupille
- 10 disques de 9 mm et 5 goupilles
- Fil à broder pour le museau
- Garnissage en polyester
- Fil de couleur foncé pour faire des lacets
- 5 boutons
- Petites clochettes à suspendre
- De la dentelle 2 x 20 cm en deux couleurs
- Suédine de 10 x 9 cm pour le chapeau.

Réalisation

Pour la réalisation de Green Leave, vous cousez d'abord les différentes parties ensemble; commencez par les parties du corps n°. 1 et n°. 2. Ensuite les parties du visage n°. 3 et n°. 4.

Puis insérez la partie du milieu.
Pour les bras, les jambes et la finition, vous suivez à nouveau le patron de Dollie.

Nederlands: Green Leave

knippen we de neus van zijn voet kaal en borduren er een veter met de donkere garen op.
Ziet er grappig uit.

Dan de 3 knopen op de buik naaien en de hoed naaien.
Vanuit de punt naar beneden met ultra kleine steekjes.
De hoed omdraaien en aan de punt een belletje hangen.

Ik heb er ook nog een knoop opgenaaid en iets eronder nog een knoop. Dat doen we allemaal met de draad die we ook gebruikt hebben om het hoedje te naaien.

Als laatste naaien we de hoed vast aan het hoofd. Dat kunnen we precies in het midden doen of op een oor. Ik heb de hoed gevuld zodat het niet gaat hangen na verloop van tijd.

Deutsch: Green Leave

Nach dem Ausbürsten der Nähte die Fußspitzen kahl trimmen und an dieser Stelle mit dunklem Garn 'Schnürsenkel' aufsticken - das sieht ganz putzig aus.
Die drei Knöpfe an den Bauch nähen.

Den Hut von der Spitze aus nach unten mit winzigen Stichen nähen.

Den Hut wenden und ein Glöckchen an die Spitze hängen.

Ich habe auch noch einen Knopf angenäht, und etwas darunter einen weiteren Knopf.

Für all diese kleinen Arbeiten verwenden Sie den Faden mit dem Sie den Hut genäht haben.

Zum Schluß wird der Hut am Kopf festgenäht, entweder genau in der Mitte, oder schief über dem einen oder anderen Ohr.

Ich habe den Hut ausgestopft, damit er - wie es sonst im Laufe der Zeit passiert - nicht schlapp hängen kann.

Nederlands: Pulpje

Deutsch: Pulpje

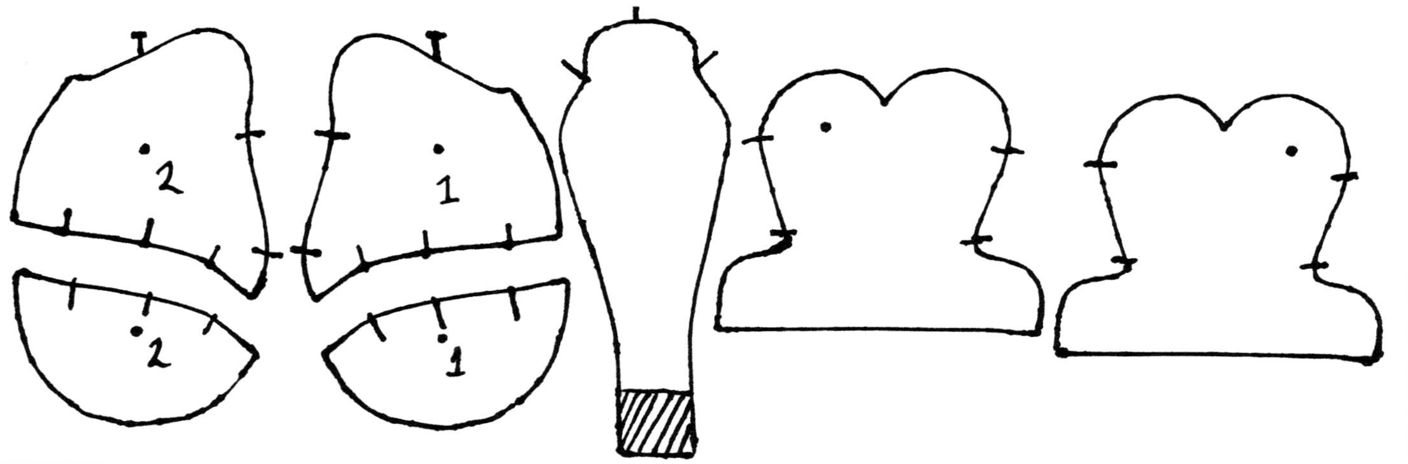

Pulpje - 8,5 cm

Benodigdheden

- miniatuurstof 15 x 15 cm
- 2 zwarte glasogen 5 mm
- garen neus
- polyestervulling
- 3 witte knoopjes en 2 rode
- tulle in 3 kleuren 2,5 x 20 cm lang

Werkwijze

Ook bij Pulpje eerst weer de losse delen van het lichaam en het gezicht aan elkaar vastnaaien. En dan doen we alles weer zoals bij Dollie is beschreven.

En voordat we de knoopjes aan brengen eerst uitborstelen.

Dit is het laatste patroon en die heb ik echt eenvoudiger gemaakt dan hij was.

Eerst bestond zijn hoofd uit 11 delen, maar daar werd ook ik gek van.

En nu zijn het er 7.

Pulpje - ein Bär von 8,5 cm

Material

- 15 x 15 cm Miniaturstoff
- 2 schwarze Glasaugen 5 mm Ø
- Garn für die Nase
- Polyester Füllmaterial
- 3 weiße und 1 rotes Knöpfchen
- 2,5 x 20 cm Tüll in drei Farben

Arbeitsanleitung

Auch bei diesem Bären werden zunächst die Einzelstücke der verschiedenen Körper- und Gesichtsteile zusammengesetzt.

Danach weiterarbeiten wie bei Dolly beschrieben.

Vor dem Annähen der Knöpfe auch hier die Nähte gut ausbürsten.

English: Green Leaves

his feet and embroider a pair of laces with the dark yarn. Looks funny.

Then sew 3 buttons on his front. Sew the sides of the hat together from the tip to the brim using very small stitches.

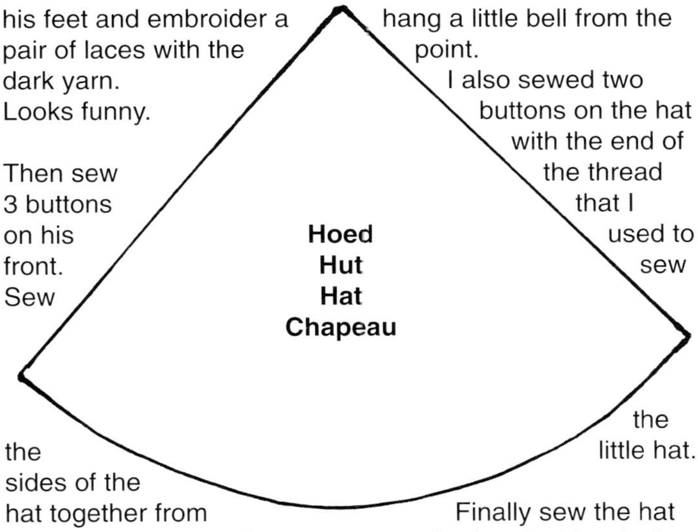

Turn the hat inside out and hang a little bell from the point. I also sewed two buttons on the hat with the end of the thread that I used to sew the little hat.

Finally sew the hat onto the head, either in the middle or over one ear. You can also stuff the hat so that it doesn't collapse.

Français: Green Leave

Après avoir enlevé les poils coincés dans les coutures, vous rasez les bouts des pattes et brodez des lacets avec le fil foncé sur chaque patte. Ça donne un air comique.

Cousez ensuite 3 boutons sur le ventre. Pour finir vous cousez le chapeau.

Commencez dans la pointe puis finissez en bas, à l'ouverture, en utilisant des tout petits points.

Retournez le chapeau et fixez une petite clochette en haut du chapeau.

En plus, j'ai cousu deux boutons superposés sur le chapeau.

Pour ces petites décorations, utilisez le même fil que pour le chapeau.

Cousez ensuite le chapeau sur la tête, soit au milieu ou un peu de travers sur une oreille.

J'ai rembourré le chapeau légèrement pour éviter qu'il tombe avec le temps.

English: Pulpje

Français: Pulpje

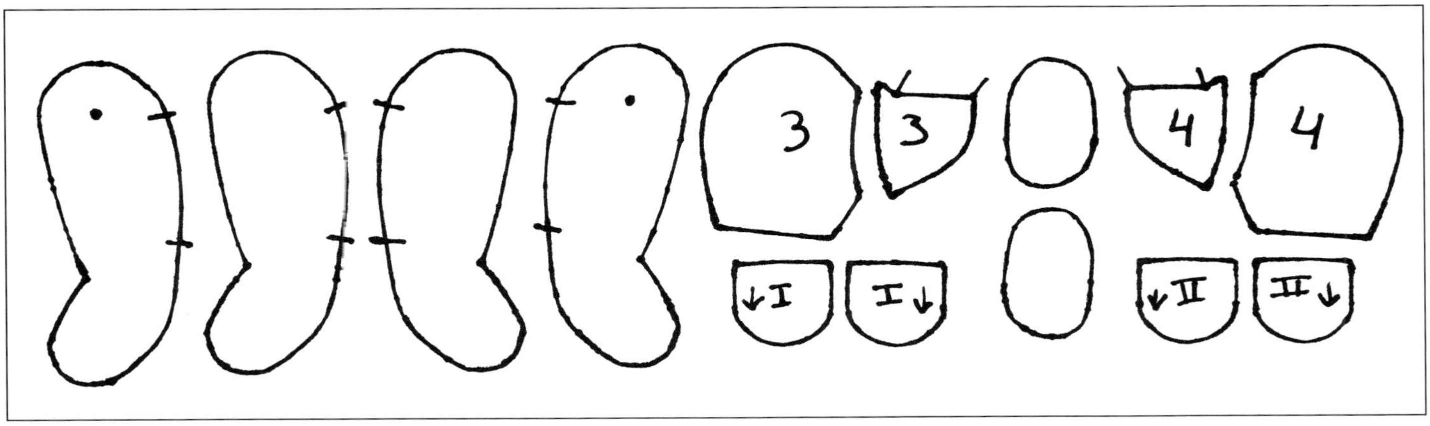

Pulpje - 8.5 cm bear

Requirements

- Miniature fabric, 15 cm x 15 cm
- Pair of black glass eyes (5 mm)
- Yarn for the nose
- Polyester stuffing
- 3 little white buttons and 2 little red buttons
- Tulle in 3 colours 2.5 cm x 20 cm

Method

Also when making Pulpje, start by sewing the pieces of the body and the face together. Then follow the instructions for Dolly.

Remember to brush out his fur before you sew on the little buttons.

And now for the last pattern.
I have actually made this one easier than it was. His head was originally made up of eleven pieces.

But it was enough to drive me mad. So now there are seven.

Pulpje - 8,5 cm

Fournitures

- Tissu miniature 15 x15 cm
- Yeux en verre noir
- Fil à broder pour le museau
- Garnissage en polyester
- 3 boutons blancs et 2 boutons rouges
- Tulle 2,5 x 20 cm en trois couleurs

Réalisation

Pour réaliser Pulpje vous cousez d'abord les différentes parties du corps et du visage ensemble (indiqués par les n°. 1, 2, 3 et 4). Pour le reste de la réalisation, vous suivez à nouveau le patron de Dollie. Avant de coudre les boutons sur le ventre, enlevez les poils coincés dans les coutures.

Pour le patron de Kai, le dernier de ce livre, j'ai effectué plusieurs modifications à fin de le simplifier. Au départ, sa tête était composée de 11 pièces, ce qui compliquait considérablement la couture.
Actuellement il y en a 7.

Nederlands: Kai

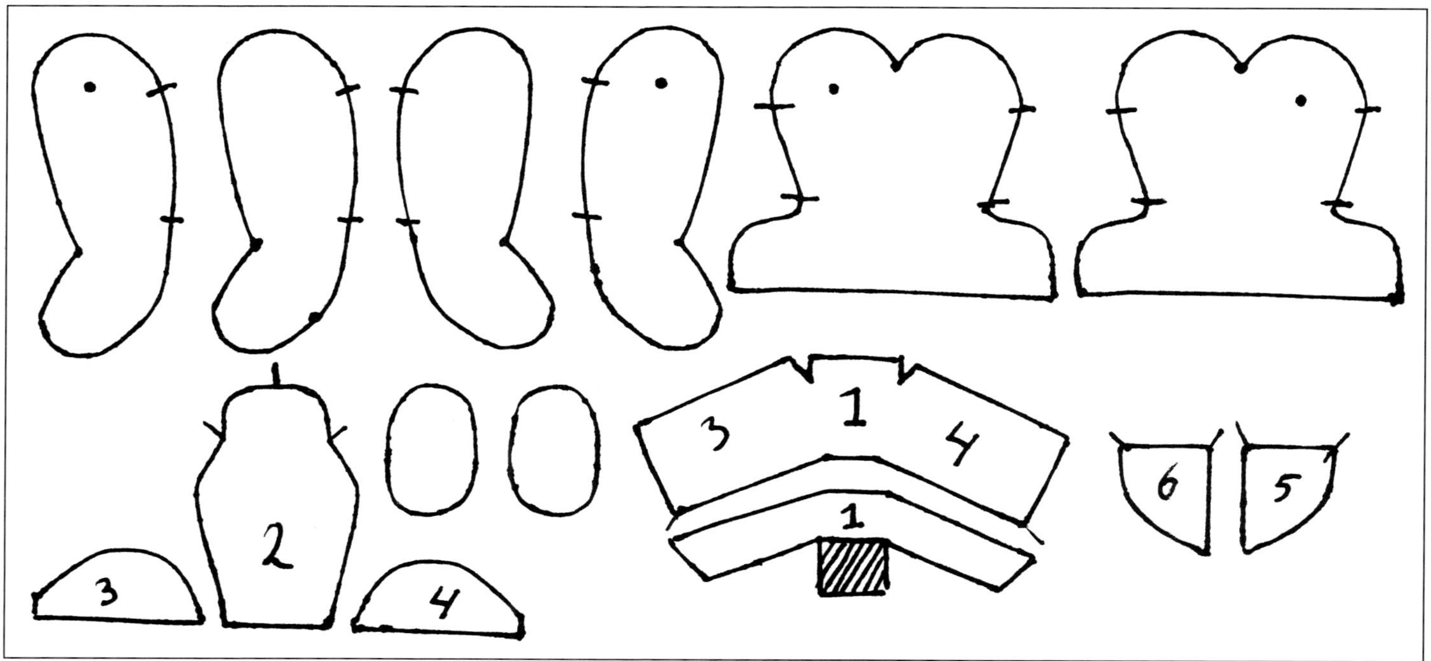

Kai - circa 9 cm

- mohair 15 x 16cm.
- 3 mm ogen zwart.
- 2 knoopjes.
- 10 cm lint.
- borduur garen.
- 8 x 6 cm stof voor broek.
- 3 x 3 cm suèdine.

Kai is het moeilijkst vanwege zijn hoofd. Ik ga het proberen uit te leggen. Zoals het al op het patroon ligt is het goed. We naaien deel 1 vast aan deel 1.

Ga van links naar rechts, dan verder rechts.
Dat is deel 1 aan 4 en terug totdat we terug zijn waar we begonnen en dan naar links verder.

Deel 1 aan 3 en terug naar het begin. Draad afknippen.
Dat ging nog wel denk ik.
Wat we nu vast hebben genaaid is het achterhoofd.

Aan de bovenkant zijn twee kleine hoekjes die dicht moeten.
Dat is om de ronding er naderhand in te krijgen.
Dan naaien we deel 1 aan 2 van links naar rechts.

We gaan verder (dat kan nu omdat we de twee puntjes samengenaaid hebben) en naaien deel 4 aan 4 vast.

Terug naar start, vervolgens naaien we deel 3 aan 3 en terug.
Hierna naaien we neus deel 5 aan 4 en neus deel 6 aan 3.

Dan klappen we het hoofd op elkaar met de mohair naar binnen.
Denk eraan dat deel 6 en 5 niet onder op deel 1 komt.
Dat is namelijk zijn nek en nog niet de neus. Naai nu dicht tot aan de neus top.

Neem het tussenstuk wat al vast aan het achterhoofd zit naar voren en naai het vast zoals het hoofd van een andere beer.
Doordat ik met rood heb gewerkt ontstaat het idee van een pruik.

Ik heb ook ultra kort mohair voor zijn hoofd gebruikt, zo ontstaat er een kaal hoofd.
Echt een idee voor een clown.
De rest wordt zoals bij Dollie gemaakt.

Deutsch: Kai

Kai - ein Bär von etwa 9 cm

Material

- 15 x 15 cm Mohair
- schwarze Augen 3 mm Ø
- 2 Knöpfchen
- 10 cm Band
- Stickgarn
- 8 x 6 cm Stoff für die Hose
- 3 x 3 cm Suèdine

Die Arbeit an diesem Bären ist, wegen seines Kopfes, am kniffeligsten.
Ich werde versuchen sie Schritt für Schritt zu erklären.

Die Einzelteile sind auf der Vorlage in Gruppen angeordnet; so liegen sie bereits jeweils in der richtingen Reihenfolge.

Zuerst werden werden die Teile 1 zusammengenäht.
Dabei von links nach rechts gehen, dann weiter nach rechts; das heit Teil 1 an Teil 4 und zurück bis zum Ausgangspunkt.

Dann links weiter. Teil 1 an Teil 3 und zurück zum Ausgangspunkt. Faden abschneiden.
So weit so gut, denke ich.
Was wir jetzt genäht haben ist der Hinterkopf.
Oben sind zwei kleine Ecken die geschlossen werden müssen; damit kommt später die Rundung in die Kopfform.

Jetzt von links nach rechts Teil 1 an Teil 2 nähen.
Danach - und das geht jetzt, da wir die beiden Ecken geschlossen haben - Teil 4 an Teil 4 nähen und zurück zum Ausgangpunkt.
Teil 3 an Teil 3 nähen und zurück.

Nasenteil 5 an Teil 4 und Nasenteil 6 an Teil 3 festnähen. Dann den Kopf rechts auf rechts falten.
Achten Sie darauf, dass die Teile 6 und 5 nicht unter Teil 1 geraten; das ist nämlich die Halspartie und nicht die Nase.
Die Naht bis zur Nasenspitze schließen. Das Zwischenstück, das bereits am Hinterkopf festsitzt, nach vorn holen und annähen wie bei anderen Bären beschrieben.

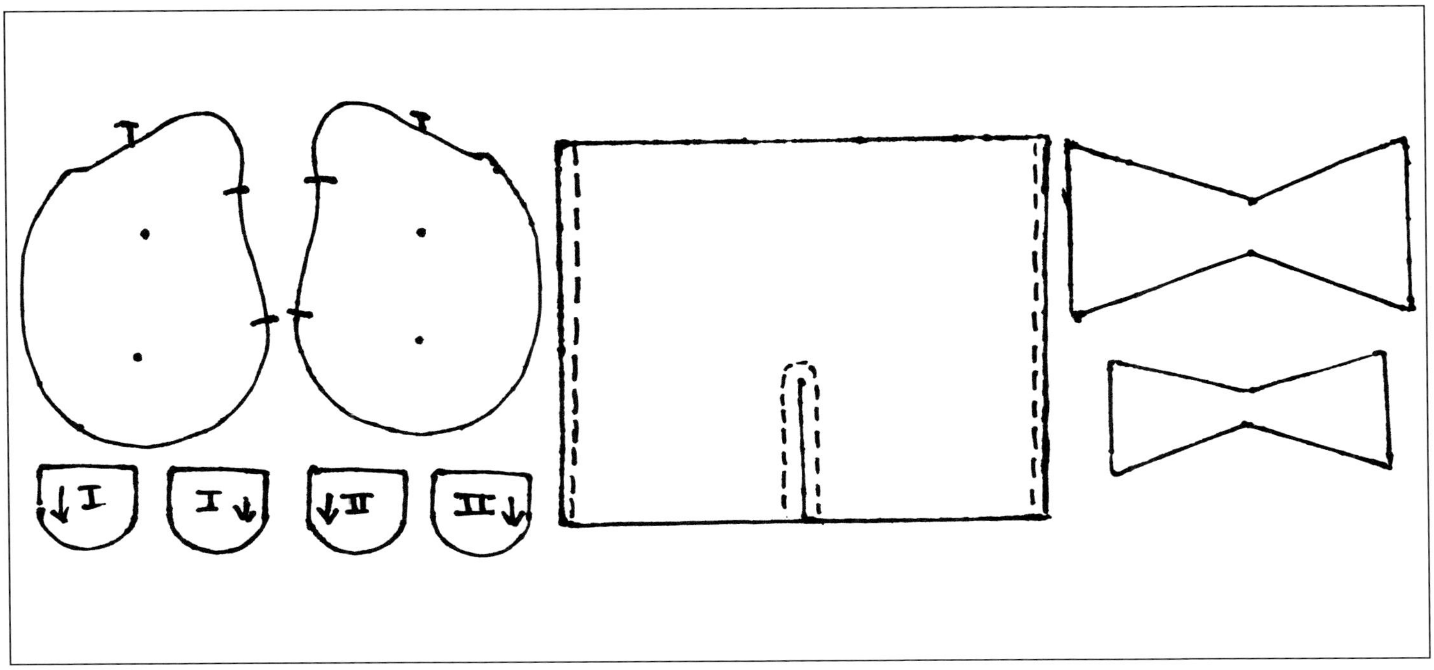

English: Kai

Kai - approximately 9 cm

Requirements

- Mohair, 15 cm x 16 cm
- Pair of black eyes (3 mm)
- 2 little buttons
- 10 cm ribbon
- Embroidery yarn
- Fabric for the trousers, 8 cm x 6 cm
- Suedine, 3 cm x 3 cm

Method

Kai is the most difficult bear to make because of his head. The pattern shows you how to place the pieces. Sew piece 1 to piece 1, working from left to right.

Then continuing to the right we sew piece 1 to piece 4 and back until we are back where we started.

Then continuing to the left we sew piece 1 to piece 3 and back to where we started. Cut off the thread.

Hopefully that much is straightforward.
We have now sewn the back of the head together.
At the top there are two small points that have to be sewn together.
This will create the roundness we want later.

Then we sew piece 1 to piece 2 working from left to right.
We continue (now we can because we have sewn the two points together), sewing piece 4 to piece 4.

Back to where we started, we sew piece 3 to piece 3 and back again.
Then we sew nose piece 5 to piece 4 and nose piece 6 to piece 3.

Then we fold the head together with the mohair on the inside.
Make sure that pieces 6 and 5 are not below piece 1 - that is his neck, not his nose!

Now sew the head together up to the top of the nose.
Take the middle section, which is already attached to the back of the head, pull it forwards and sew it as you would for any of the other bears.

Français: Kai

Kai - environ 9 cm

Fournitures

- Mohair 15 x 16 cm
- Yeux noirs de 3 mm
- 2 boutons
- Ruban de 10 cm
- Fil à broder pour le museau
- Tissu 8 x 6 cm pour le pantalon
- Suédine 3 x3 cm

Le patron de Kai est le plus difficile à cause de la tête. Je vais vous l'expliquer étape par étape.

Sur le patron, les pièces sont dessinées dans le bon sens.

Assemblez les parties n°. 1, en cousant de gauche à droite.

Continuez vers la droite et cousez la partie n°. 1 avec n°. 4, puis retournez au milieu.

Partez maintenant vers la gauche et cousez la partie n°. 1 avec n°. 3 puis retournez au point de départ.
Coupez le reste du fil.
Ainsi le derrière de la tête est assemblé.

Pour assurer la courbe de la tête, fermez les deux coins crantés sur le dessus. Cousez ensuite la partie n°. 1 avec n°. 2, en allant de gauche à droite.

Maintenant que les deux coins crantés sont assemblés, vous pouvez coudre les parties n°. 4 ensemble.

Retournez au point de départ et cousez les parties n°. 3 ensemble.
Il vous reste à assembler les parties du nez n°. 5 et 4 et les parties du nez n°. 6 et 3.

Pliez la tête en deux de façon que le mohair soit à l'intérieur.

Veillez à ce que les parties 6 et 5 ne couvrent pas le dessous de la partie 1 car c'est la partie du cou et non pas du nez.

Fermez la tête jusqu'à la pointe du nez.

NL: Kai

Dan maken we het broekje. Een eenvoudig broekje?

We leggen de stof met de goede kant op elkaar en naaien op de stippellijn. Denk er aan om als al de 3 lijnen genaaid zijn het tussen de benen open te knippen.
Doe dat als dat genaaid is. Omdraaien.

Dan bij de pijpjes een omslag naaien van ongeveer 0,5 cm doe dit met ultra kleine steekjes. Nu het broekje aantrekken.

Dan de bovenkant omslaan (0,5 cm) en omzomen. Het broekje is iets te groot maar dat geeft niet.
Met kleine steekjes rondom zijn buik vastnaaien.

Het lint of koord dan dubbel leggen en achter vastzetten met een kleine steek.

Dan naar voren gaan en ook de beide uiteinden vastnaaien en de knoop er op.

De strik in de nek naaien en er een knoopje op naaien en dan is Kai af.

Dat was het laatste patroon van het boek "Hoe maak ik een miniatuur clown" met Richard van Aalst

Deutsch: Kai

Da ich Rot gewählt habe, sieht es aus als ob der Bär eine Perücke trägt.

Für den 'kahlen Kopf' habe ich ganz besonders kurz-poligen Mohairstoff gewählt; genau das Richtige für diesen Clownstyp.

Die restlichen Arbeiten werden nach der Beschreibung für Dolly ausgeführt.

Dann kommt das Höschen. Ein einfaches Höschen?

Den Stoff links auf links legen und auf der Strichellinie nähen.
Wenn alle drei Nähte geschlossen sind zwischen den Beinen einschneiden.
Die Arbeit wenden.

An den Hosenbeinen mit ganz kleinen Stichen einen Umschlag von etwa 0,5 cm nähen. Das Höschen anziehen. Den oberen Rand umschlagen (0,5 cm) und umsäumen.

Das Höschen ist etwas zu groß aber das macht nichts. Das Höschen mit kleinen Stichen rundherum am Bauch festnähen.
Band oder Kordel doppelt legen und mit einem kleinen Stich hinten befestigen; Band oder Kordel nach vorn ziehen, die Enden festnähen und einen Kopf darüber setzen.

Die 'Fliege' am Hals annähen und einen Knopf darauf setzen, und fertig ist Kai!

Das war die letzte Vorlage des Buches "Miniaturbären als Clowns machen mit Richard van Aalst"

English: Kai

I worked with red to create the idea of a wig.

I also used ultra short mohair for his head to create the idea of a bald head. Perfect for a clown!

Otherwise follow the instructions for Dolly.

Next we make the little trousers.
Simple little trousers?

We place the fabric right sides together and sew on the dotted line.
Once you have sewn along the 3 lines remember to cut the legs apart.
Do this once you have finished sewing.

Turn the trousers inside out. Then sew a turn-up of approximately 0.5 cm at the bottoms of the legs with very small stitches. Now pull on the little trousers.

Then turn the top in (0.5 cm) and hem it.
The little trousers will be a little bit too big, but that doesn't matter.

Sew them on around the waist with small stitches. Fold the ribbon or braid double and attach it at the back with a small stitch.

Pass the straps over the shoulders and sew the two ends at the front then sew the buttons on.

Sew the bow tie on the neck and sew a little button on it and Kai is finished.

That was the last pattern in the book "How do I make a miniature clown" by Richard van Aalst

Français: Kai

Rabattez la partie du milieu de la tête (qui est déjà fixée sur le derrière de la tête) vers l'avant et cousez celui-ci selon la méthode utilisée pour tous les ours dans ce livre.
Le tissu rouge que j'ai utilisé crée l'effet d'une perruque. Pour la tête, j'ai utilisé aussi du mohair à poils très courts ; ainsi on a un vrai clown chauve.

Pour le rembourrage et la finition suivez le patron de Dollie.

On termine par la réalisation du pantalon.
Placez le tissu endroit contre endroit et cousez sur les pointillés.
Une fois les trois lignes cousues, n'oubliez pas d'ouvrir les entrejambes.

Retournez le pantalon dans le bon sens. Cousez un ourlet d'environ 0,5 cm aux jambes. Utilisez le point le plus petit possible.

Maintenant vous mettez le pantalon: vraisemblablement il sera un peu trop grand, mais ce n'est pas grave.
Faites l'ourlet de la taille (0,5 cm) et cousez avec des petits points le pantalon au corps.

Pliez le ruban en deux et attachez le avec un petit point sur le dos.
Cousez les deux extrémités du ruban ensemble sur le devant et cousez ensuite le bouton au milieu.
Attacher le noeud dans le cou et cousez un bouton au milieu, et le voilà:
Kai est terminé.

C'était le dernier patron du livre "Comment réaliser un clown miniature" avec Richard van Aalst.